Florian Ott

Papabatical

Florian Ott

Papa erzähl doch mal vom

Papabatical

Wenn das Wochenende 7 Tage hat

Bibliografische Information der Deutschen Nationalbibliothek:

Die Deutsche Nationalbibliothek verzeichnet diese Publikation in der Deutschen Nationalbibliografie; detaillierte bibliografische Daten sind im Internet über http://dnb.dnb.de abrufbar.

Herstellung und Verlag: BoD – Books on Demand, Norderstedt

ISBN: 978-3-7481-0749-1

INHALT

28. August

Noch 72 Stunden – dann startet meine Auszeit. Mindestens einmal am Tag muss ich irgendjemand korrigieren und festhalten, dass ich nicht fünf Monate „Urlaub" vor mir habe – allerdings suche ich selbst nach der passenden Sprachregelung. Wie bezeichnet man das, was vor mir liegt? Und was liegt eigentlich vor mir? Wird es ereignisreich und lebensverändernd - oder werde ich, reduziert auf die soziale Interaktion mit einem Kleinkind, einfach durchdrehen?

Gestern hat mich ein guter Freund davon überzeugt die Ereignisse meiner bevorstehenden Zeit festzuhalten. Mein Papabatical als Dokument für die Nachwelt. Ich glaube zwar nicht, dass es irgendjemand einmal lesen möchte, aber wer weiß. Und allein für mich und unsere Tochter wird es eine nette Erinnerung an diese Zeit sein.

Der heutige Sonntag ist übrigens auch schon dramaturgisch passend gestartet. Unsere kleine Anna hat sich das erste Mal umgedreht. Komplett und ganz allein – von der Rücklage auf den Bauch. Die Kleine ist sich wohl schon bewusst, dass Veränderungen bevorstehen. Da wechselt man schon mal vorbeugend die Perspektive. Für meine Frau Sonja und mich eine olympiareife Leistung. Wir könnten platzen vor Stolz.

Noch vor wenigen Monaten hätte ich die Stirn gerunzelt. „Ist doch keine große Sache!" Doch Blickwinkel ändern sich - im Falle eines Babys sogar auf diametrale Weise. Verhaltenszüge offenbaren sich die kein rational denkender Mensch (ohne Kinder) nachvollziehen kann. Und so neigen frischgebackene Eltern dazu, wirklich jeden Sch… mit Gott und der Welt zu teilen – und dies leider nicht immer nur im metaphorischen Sinne.

Auf jeden Fall blicke ich heute mit Freude, aber auch einer großen Menge Respekt, auf die Monate, die vor mir liegen: 5 Monate – 152 Tage – 3648 Stunden - 218.880 Minuten - 13.132.800 Sekunden oder wie es ein Kollege ausdrückt „Schon eine verdammt lange Zeit…"

So, jetzt steht erst einmal das Mittagessen an – Brokkolibrei – ob das schmecken kann?

ERSTER MONAT

01. September

Tag 1 - Nun geht es los. Gestern Abend hatte ich noch eine Abschiedsfeier mit Kollegen, da durfte ich damit prahlen, heute nicht arbeiten zu müssen. Andere müssen aufstehen und ich - natürlich auch. Allerdings ist unsere Maus, wie ich, auch ein kleiner Morgenmuffel. Somit dauerte das Aufstehen dann doch etwas länger. Mami ist schon in der Arbeit und wir dürfen im Bett kuscheln und spielen. Perfekt, so hatte ich mir diese Väterkarenz vorgestellt.

Dann auch gleich die erste neue Erkenntnis: Es ist nicht unbedingt ratsam, ein Kleinkind mit 5 Monaten direkt nach dem Essen, schwungvoll über dem Kopf fliegen zu lassen. Ein Babylachen kann durchaus ein falsches Sicherheitsgefühl vorgaukeln. Noch lacht unsere Süße lautstark, doch im gleichen Augenblick ergießt sich schon ein Schwall „wiedergekäuter" Milch. Und das direkt in meinen, vor Überraschung offenstehenden, Mund. Tja, dumm gelaufen.

Das kurze Gefühl des Ekels wird schnell von einem inneren Lachen abgelöst. Zuvor hatte ich immer davor zuruckgeschreckt Muttermilch zu kosten. Nun weiß ich, dass sie eine sehr süßliche Note hat – zumindest in der verarbeiteten Variante. Dies passt auch mit der Assoziation, den der Geruch von Muttermilch bei mir immer hervorgerufen hat, zusammen. Vermutlich behält man gewisse Assoziationen doch ein Leben lang.

INFOBOX: MUTTERMILCH

Was man mit der Muttermilch trinkt, bleibt noch am Leichentuch hängen.

Quelle: aus Spanien

Der Begriff „Muttermilch" (lac maternum) ist recht neu und kam erst im Zusammenhang mit Stillkampagnen im 18. Jahrhunderts auf. Mütter sollten angeregt werden ihre Kinder selbst zu stillen, statt einer Amme zu übergeben.[1]

In den 60er und 70er Jahren des 20 Jahrhunderts kam das Stillen, durch die Einführung von Kunstmilchprodukten, wieder aus der Mode. Oft wurde aus gesundheitlichen Gründen empfohlen, Fertigmilch anstelle von Muttermilch zu verabreichen. So sollte man zugunsten des Babys auf das Stillen besser verzichten. Doch schon wenige Jahre später gaben neue, wissenschaftliche Erkenntnisse der Neo-Stillbewegung wieder auftrieb. Heute ist Stillen wieder in Mode und wird in der Fachliteratur und von Kinderärzten durchwegs empfohlen.[2]

Ein wesentliches Element in der Muttermilch sind dabei die Kohlenhydrate - der Energiespender für Neugeborene. Hauptkohlenhydrat ist hier die Laktose. Ein Zweifachzucker, der aus Glucose und Galaktose besteht. Damit macht dieser Zucker etwa 40 Prozent der Gesamtkalorien der Frauenmilch aus.[3]

---

[1] Wunder, H. in Duden, B.: Geschichte in Geschichten: Ein historisches Lesebuch, 2003

[2] Word Health Organization: Guiding principles for complementary feeding of the breast fed child, 2001

[3] Quirgst, H.: Muttermilch; auf Netdoktor.at, 2015

Muttermilch hat dabei einen durchschnittlichen Nährwert von 52 Kalorien pro 100 ml und ist dadurch ein enormer Energiespender.[4] Als Vergleich dazu hat beispielsweise der Energy Drink Red Bull „nur" 46 Kalorien pro 100 ml.[5] Zudem ist auch der Anteil an Kohlehydraten in der menschlichen Muttermilch insgesamt weit höher als bei Kühen, aber auch Schafen, Ziegen oder Pferden. Zudem enthält die menschliche Muttermilch auch Antikörper und abwehrfördernde Enzyme. Im Gegensatz dazu enthält sie aber weniger Eiweiß als bei anderen Säugetieren.[6]

Die heute so oft angesprochene Laktoseintoleranz ist dabei im Grunde nur das Fehlen einer Mutation. Diese erlaubt es auch Erwachsenen, Milchprodukte zu verarbeiten. Somit ist der menschliche Körper von Natur aus nur darauf ausgelegt, Milch nur als Kleinkind aufzunehmen. Die Mutation, die die Produktion des für den Laktose-Abbau erforderlichen Enzyms bei Erwachsenen erlaubt, ist noch relativ jung. Sie ist mindestens fünf Mal unabhängig voneinander in jüngerer Vergangenheit aufgetreten und verdankt ihr Überleben sicherlich der Domestizierung von Rindern und anderer Säugetiere. Selbst in DNA-Proben früher europäischer Bauern vor über 5.000 Jahren fand sich bisher kein Skelett, das Laktosetoleranz-Mutation bei Erwachsenen aufwies.[7]

Muttermilch wird von der WHO als exklusive Ernährung für die ersten sechs Monate empfohlen und als vollkommen ausreichend beurteilt. Dabei passt sich die Milch flexible an die Entwicklungsstufen des individuellen Kindes an. So ist die

---

[4] Karmel, A.: Kochen für Babys und Kleinkinder, 2016

[5] redbull.com, 2016

[6] Vgl, Wikipedia: Muttermilch

[7] Hawks, J.: Unsere Evolution geht weiter, in Spektrum der Wissenschaften, 06/2015

Muttermilch reicher an Fetten und Proteinen, wenn es gilt einen Jungen zu versorgen, bei Mädchen gibt es wiederum Hinweise, dass mehr Milch produziert wird.[8]

Nach Boxenstopp und ein wenig Entertainmentprogramm, gelingt es mir unsere Kleine zu einem Nickerchen zu überreden. Noch empfinde ich es als angenehm, dass sie doch sehr viel schläft. Allerdings hat mich eine Arbeitskollegin schon vor den Herausforderungen der Zukunft gewarnt. Die ersten Monate ihres Sohns im Kindergarten waren mehr als spannend: Für den Jungen war die größte Umstellung, den ganzen Vormittag, ohne Schlaf auszukommen. Das erste Nickerchen ist erst um die Mittagszeit üblich – aus Sicht eines Kleinkinds wohl ein halbes Leben. Wie wird das erst einmal mit meiner kleinen Dauerschläferin werden? Doch noch sind es ein paar Monate, bis diese Herausforderungen auf uns zukommen…

Im Moment heißt es erst einmal, sich ans neue Alltagsleben anzupassen. Keine Meetings mehr von 9:00 bis 18:00, aber dafür Wäsche, Abwasch und Einkaufen. Dazwischen allzeit bereit für einen Sprint zum Laufgitter (wobei die Bezeichnung Krabbelgitter im Moment noch treffender ist). Auch wenn sich unsere Kleine schon grazil auf den Bauch drehen kann, zurück klappt es leider noch nicht so einfach. Und die Begeisterung für die Bauchlage ist nicht sonderlich ausgeprägt.

Somit bleibt nur der Vorstoß in die Obertonregionen. Zwischen einem leichten Quengeln (kann man getrost ignorieren) und einem lautstarken Schrei vergehen oft nur Millisekunden. Somit

---

[8] Süddeutsche Zeitung: Mädchen kriegen mehr, Jungen reichhaltigere Milch, 2014

muss man schnell sein. Dies ist bei der Planung jeglicher Haushaltsaktivitäten zu berücksichtigen.

So verfliegt der Tag, weit schneller als gedacht. Und mir wird klar, meine To-do-Liste für diese 5 Monate war doch sehr ambitioniert. So erholsam wie erhofft, wird dies wohl nicht werden. Da kommt wirklich einiges auf mich zu.

02. September

Der erste Tag ist überstanden und schon setzt eine gewisse Routine ein. Aufstehen, Baby wickeln und Katzenwäsche - danach werden auch die richtigen Katzen verpflegt, das Katzenklo geleert und die zwei Stubentiger rausgelassen. Nebenbei beklagt sich die Kleine wieder über zu wenig Zuwendung. Zwischendurch kommt man mal schnell dazu Zähne zu putzen und denkt, „irgendwie muss man diesen ganzen Prozess noch optimieren."

Aber schon merkt man am lauterwerdenden Quengeln, dass das zweite Frühstück ansteht. Es ist faszinierend wie viel Pre-Milch auf einmal vertilgt werden kann. Vor einem gefühlten Monat war das Höchste der Gefühle mal 90 ml, jetzt schaffen wir fast 300 ml. Erst glaube ich auch, dass alles unten bleibt – Anna übrigens auch. Aber dann ergießt sich schon ein Schwall verarbeitete Milch über den ganzen Körper (und natürlich auch über meinen). Warum habe ich mir ernsthaft am Morgen überlegt, ob das T-Shirt auch passend für den Abend ist?

Nach einer weiteren gefühlten Ewigkeit ist meine Süße jetzt wieder eingeschlafen. Die Milchmenge war wohl doch etwas zu viel und das tut der Stimmung nicht gut. Somit komme ich jetzt (um 11:00 Uhr) zum Frühstücken. Die Radiowerbung weist mich dezent darauf hin, dass ich nicht zur klassischen Zielgruppe gehöre. Um diese Zeit während der Arbeitswoche rechnet man wohl mit einem anderen Publikum. So höre ich eine ältere Dame sprechen:

„Man weiß nie wie lange man noch lebt. Daher baue ich vor und kümmere mich schon heute um meine Beisetzung…"

Mhmm – ich wusste nicht, dass jetzt auch schon Bestattungsunternehmen Radiowerbung schalten - aber wirklich überrascht bin ich nicht. Insbesondere, da ich mich an die regelmäßige Werbung für ein Freudenhaus in der Stadt schon gewöhnt habe. Ich rede mir ein, dass ich da doch eher dieser Zielgruppe entspreche. Absurderweise ein beruhigender Gedanke.

Aber wo wir gerade bei "Planung" sind. Was habe ich mir nicht alles vorgenommen für meine 5 Monate? Punkt eins wäre wieder fitter werden. In den letzten 1 1/2 Jahren habe ich gelernt, dass es tatsächlich etwas wie passive Schwangerschaft gibt. 9 Monate lang fiebert man mit seiner Frau mit. Dabei hört man immer, was man als Schwangere alles nicht machen darf. Das hat seine Wirkung hinterlassen.

Bei der Geburt selber verliert unfairerweise leider nur ein Elternteil wieder massiv an Gewicht. Danach geht es auch nicht besser weiter. Sportliche Aktivitäten am Wochenende stehen leider nicht mehr ganz oben auf der To-do-Liste. Der Begriff " Zeitvertreib" verliert, ohnehin mit einem Neugeborenen, an Bedeutung. In Zahlen umgelegt bedeutet dies ein Plus von 7 Kilo. Also ein konkretes Ziel für die nächsten Monate. Als erster Schritt steht morgen ein Triathlon an (Halb-Ironman-Distanz) - und das völlig untrainiert...hoffe ich überlebe das. Aber zumindest darf ich die Laufstrecke absolvieren, ohne dabei einen Kinderwagen vor mir her zu schieben.

INFOBOX: PASSIVE SCHWANGERSCHAFT

Es scheint mir, dass allein der Zustand der Schwangerschaft uns immer wieder ans Leben anbindet.

Quelle: Friedrich Nietzsche

Nicht nur für Frauen ist die Zeit der Schwangerschaft eine Zeit voller Veränderungen. Die Formulierung „Wir sind schwanger", kann hier der Wahrheit näherkommen, als allgemein vermutet. In der Medizin hat sich der Begriff „Couvade-Syndrom" etabliert. So ergibt es sich, dass Männer in der Schwangerschaft oft deutlich zunehmen und sogar unter Symptomen wie Morgenübelkeit, Sodbrennen und psychischer Labilität leiden.[9]

In manchen Kulturen wird dieses Phänomen aber noch weitergesponnen. So legten sich werdende Väter in der chinesischen Provinz Yunnan früher selbst wie Kranke ins Bett. Während die gerade entbundenen Mütter gleich wieder dem Alltagsleben nachgingen, wurden die Väter liebevoll gepflegt und behütet.[10]

Begriff Couvade (von französisch: couver = ausbrüten, bemuttern) stammt dabei ursprünglich aus der Ethnologie. Etliche Studien, wie die um den Psychologen Arthur Brennan der University of London, bestätigen die Tatsache, dass Männer eine Parallelschwangerschaft durchleben. Die genauen Gründe sind dabei unbekannt. Es wird aber spekuliert, Männern sei das Phänomen der Schwangerschaft dermaßen suspekt, dass sie es nur begreifen können, indem sie sich voll und ganz in den Körper der Frau hineinversetzen.[11]

Auch ist dieses Phänomen nicht nur auf den Menschen beschränkt. Selbst bei zwei Arten von Krallenäffchen konnten

[9] Retzbach, J.: Couvade-Syndrom - Wenn Männer schwanger werden, in Zeit Online, 2014

[10] Retzbach, J.: Männer in anderen Umständen, in Spektrum der Wissenschaften, 2016

[11] Schäfer, S.: Warum werdende Väter Babybäuche bekommen, in Spiegel Online, 2012

Forscher aus Wisconsin bei dem Partner der trächtigen Weibchen eine massive Gewichtszunahme beobachten. Kurz vor der Geburt erreichten die männlichen Äffchen manchmal ein Plus von mehr als 20 % auf der Waage.[12]

---

[12] Retzbach, J.: Männer in anderen Umständen, in Spektrum der Wissenschaften, 2016

04. September

Der Schmerz durchzieht den ganzen Körper. Warum tut sich ein rational denkender Mensch gewisse Dinge an? Der gestrige Tag war mit Qualen durchzogen. Erst um 5:30 Uhr aufstehen, 1,9 km Schwimmen, 90 km Radfahren und danach noch eine Halbmarathondistanz vom 21 km zurücklegen. Das alles bei 30 Grad im Schatten - wobei das Konstrukt „Schatten" nur ein theoretisches war. Beim Laufen hatte ich zum ersten Mal kurz mit dem Gedanken gespielt aufzugeben. Zudem konnte ich meine Mädels unter den Zuschauern nicht erblicken.

Die Nacht davor habe ich auf dem Campingplatz neben der Strecke verbracht (natürlich allein). Mein Fankomitee wollte nachkommen. Auf Grund der Unplanbarkeit mit einem Kleinkind sind meine Lieben erst zum Zieleinlauf aufgetaucht. Es ist erschreckend, was einem in 5,5 h monotoner Bewegung alles durch den Kopf gehen kann. Wenn meine Frau mit unserer Kleinen allein im Auto unterwegs ist, war mir das nie geheuer. Dies ist leider auch auf ein tragisches Ereignis einer Bekannten zurückzuführen. Diese ist bei einer Autofahrt mit ihrem ca. 6 Monate altem Baby ums Leben gekommen. Dem Kleinen ist Gott-sei-Dank damals nichts passiert, aber die Mutter war auf der Stelle Tod. Das Auto ist frontal mit einem Baum zusammengestoßen – vermutlich war sie kurz abgelenkt.

Im Leben kann alles unvorstellbar schnell gehen. Ich kann mich an die Zeit danach leider noch zu gut erinnern: Ein Vater (der Bruder meiner damaligen Freundin) mit einem halben Jahr alten Baby, der noch dazu am nächsten Tag aus der gemeinsamen Wohnung raus musste.   Der Unfall ereignete sich mitten im Übersiedlungsstress. Ich bete zu Gott, nie auch nur annähernd in eine solche Situation zu geraten – auch wenn solche Rufe gen Himmel als Agnostiker gänzlich sinnlos erscheinen.

Im Vergleich dazu ist dieser Triathlon ein Wellnessprogramm. Aber warum quäle ich mich überhaupt durch diese Hölle? Vor einem Jahr hatte ich das alles noch relativ locker geschafft. Doch jetzt, 12 Monate später, mit wesentlich mehr Speck auf den Rippen, aber dafür fast unvorbereitet, muss ich mir eingestehen, dass sich meine Prioritäten geändert haben. Jede freie Minute am Wochenende habe ich mit meinem Engel und nicht auf der Lauf- oder Radstrecke verbracht. Das rächt sich, doch selbst in diesem Moment bin ich überglücklich.

Als ich auf den letzten Meter meine Mädels endlich neben der Strecke entdecke, halte ich auch gleich an. Erst meiner Kleinen einen Kuss auf die Stirn – der hinter mir kann gerne vorbeiziehen. Und der Kommentar einer Zuschauerin, *„Das ist ja unerlaubtes Doping!"*, zaubert ein Lächeln auf mein abgekämpftes Gesicht. Alle Schmerzen sind vergessen (zumindest für den Moment).

Zwei spezielle Ziele habe ich noch in meinem Leben, bei denen Anna eine wesentliche Rolle spielt. Ich freue mich heute schon auf jeden Tag, an dem ich unserer Süßen das schönste Kinderbuch aller Zeiten vorlesen darf. Für mich ist dies *„Die unendliche Geschichte"* von Michael Ende. Selbst habe ich das Buch wohl das erste Mal mit 12 oder 13 gelesen – und es „gefressen". Ich war in 5 Tagen durch, was für mich im damaligen Alter eine unglaubliche Leistung war (als vielleicht langsamster Leser der Welt). Danach habe ich auch begeistert gelauscht, wie meine Mutter es meinem kleinen Bruder vorgelesen hat. Ein bis zwei Jahre später hab ich es dann gleich noch mal gelesen. Kaum eine Geschichte hat mich so gefesselt, innerlich zerrissen und es mir so schwergemacht die letzten Seiten zu beenden. Am Ende des Buches musste ich zu neuen guten Freunden wie Bastian Balthasar Bux und Atréju wieder Adieu sagen.

Der zweite große Wunsch ist es, irgendwann einmal die komplette Ironman Triathlon-Distanz zu überwinden. Und am Ende abgekämpft, mit unserer Kleinen auf dem Arm, ins Ziel zu laufen. Dass ich vom zweiten Ziel noch Meilen entfernt bin, darf ich jetzt auf meiner „Smarten" Armbanduhr ablesen. Es tut ein wenig weh, die Nachricht meiner Sport-App zu lesen:

„Hat sich der Spaziergang nicht gut angefühlt?"

Für den Rest des Tages steht jetzt gemütliches Anna-Entertainment-Programm an. Und das ist gut so, nach dem Tag ist das noch fordernd genug….

05. September

Wieder ein ganz „normaler" Tag. Der Sommer geht zur Neige und ich verbringe den Vormittag damit Annas Equipment wieder auf Vordermann zu bringen. Was man für ein Kind nicht alles braucht? Die Gerüchte, die man in der Pre-Familienphase hört, erweisen sich zusehends als wahr. Es ist absolut gerechtfertigt, dass unsere Kleinste im Haus das größte Zimmer in Anspruch nimmt und dann nicht einmal darin schläft. Der Bedarf an Ausrüstung ist einfach enorm.

Was allein für die Nahrungszubereitung erforderlich ist, beeindruckt mich jedes Mal, wenn ich den Geschirrspüler ausräume:

- Babydampfgarer - besteht aus acht Einzelteilen
- Babyteller
- Babylöffelchen (Dank weicher Kunststoffkonstruktion ungefährlich fürs Kind, aber herausfordern in der Bedienung für Erwachsene – besonders bei beweglichen Zielen)
- Spezialwürfelbehälter zum Einfrieren mit Deckel
- Kunststoffbehälter zum Auftauen

Daneben noch alle Kleinigkeiten, die nicht in den Geschirrspüler dürfen:

- 3 kleine Milchflaschen (4-teilig)
- 4 große Milchflaschen (6-teilig)
- Trinkwasserflasche mit Spezialbabygriff (zum selber halten)
- Flaschenwärmer (der hauptsächlich als Breiwärmer dient),

- Thermoskanne groß (mit abgekochtem Wasser)
- Thermoskanne klein (zum Mitnehmen)
- Glasflasche groß (mit kaltem abgekochtem Wasser)
- Glasflasche klein (mit kaltem abgekochtem Wasser zum Mitnehmen)
- Lätzchen
- Spuckwindeln
- und natürlich noch Stillhütchen (da sich unsere Kleine weigert, direkt vom Busen zu trinken)

Die meisten Teile müssen nach jeder Nutzung (wie auch das Set an Schnullern) in unseren elektronischen Dampfsterilisator (liebevoll Vipo genannt) gereinigt und danach getrocknet werden. Das abgekochte Wasser für die Pre-Milch muss täglich neu ausgetauscht werden. Und damit ist nur das Essensequipment für den Moment abgedeckt.

Auf die große Kunst der Breiküche werde ich ein anderes Mal zurückkommen. Für den Moment sei nur angemerkt, dass wir geschätzte 5 Bücher nur zu dieser Thematik besitzen. Nicht mitgerechnet die Anleitung für Babydampfgarer (die auch Dosierungs- und Kochhinweise enthält) und alle „normalen" Baby- und Kleinkinderbücher. Diese haben natürlich je eine eigene Meinung zu Ernährungsfortschritten, -gestaltung, -dosierung, -mischung, -verarbeitung, -aufbewahrung, -verabreichung etc. Zusätzlich besitzen wir noch eine Fülle an Infofoldern und Merkblättern (die wir bei jedem Kinderarztbesuch mitbekommen). Bei all diesen literarischen Ergüssen ist es ein Wunder, dass Eltern überhaupt noch zur Zubereitung von Speisen für ihre Kleinen kommen.

06. September

Gestern Abend hatten wir einen Termin beim Kinderarzt. Faszinierend wie schnell sich Routinen entwickeln. Zu gut kann ich mich noch an unseren ersten Besuch erinnern. Nervös und verunsichert sind wir zu unserem ersten, gemeinsamen Arztbesuch gepilgert. Noch dazu abgehetzt, da das Timing mit einem Neugeborenen schon herausfordernd ist und jeder Handgriff zu Beginn eine Ewigkeit dauert.

Dann auch gleich der Supergau, als wir merkten, dass unsere Kleine die Windel übervoll hatte und diese fast ausläuft. Die Angst unter den Blicken erfahrener Eltern am Wickeltisch zu versagen, ist wohl nur für Spitzensportler nachvollziehbar. Darüber hinaus könnten wir jeder Zeit aufgerufen werden – somit muss jeder Handgriff sitzen. Nun kann ich mir vorstellen, wie sich Mechaniker in der Formel 1 fühlen müssen. Heute sind solche Situationen einfachste Routine, aber damals war es tatsächlich eine Grenzerfahrung.

Das schlimmste Erlebnis war aber zweifellos die erste Impfung. Fröhlich glucksend und lachend liegt unsere Süße auf dem Untersuchungstisch. Die gesamte Freude der Menschheit strahlt aus ihren kleinen blauen Augen. In diesem Alter hat die Erfahrung ihr bisher nur geleert, dass alle Menschen einem nur Gutes wollen. Rundum zufrieden streckt sie ihre kleinen Ärmchen dem Arzt entgegen und lächelt ihn herzerweichend an.

Dann setzt der Arzt die Nadel an und für einen Moment steht die Zeit still. Sie reißt die Augen auf und kann in diesem Augenblick einfach nicht begreifen, was ihr widerfährt. Schmerz ist bis dato für sie eine absolut unbekannte Empfindung. Bis die Nerven diese Information in etwas Begreifbares umgewandelt haben, braucht es seine Zeit. Dann verziehen sich ihre Lippen und alle Farbe scheint aus dem Gesicht verschwunden zu sein. Der Schrei, der jetzt ertönt, lässt sogar den Arzt zusammenzucken.

Nie hätte ich gedacht, dass ein Schmerzensschrei einem so durch Mark und Bein gehen kann. Für über 20 Minuten ist sie nicht mehr zu beruhigen und ich frage mich, ob es ein Fehler war sie schon so früh zu impfen. Die Nacht darauf schlafen wir beide wie Tote und ich zittere vor dem nächsten Arztbesuch.

Gestern war schon der vierte Impftermin mit Routineuntersuchung. Diesmal hat sie bei der Injektion kaum mehr merklich gemuckst. Von lauten Schreien war keine Rede und ihr charmantes Lächeln hatte sie nach wenigen Sekunden wieder aufgesetzt. Die Schwester am Empfang hat uns nach dem Termin sogar gefragt, ob die Impfung ausgefallen ist - nichts war zu hören. Da es allerdings schon die zweite Meningokokkenimpfung war, gab es nachts noch leichtes Fieber und Gequengel. Bei allen anderen Impfungen hatte sie so gut wie keine Reaktion - sogar bei dem letzten Termin, bei dem es die 6-fach Impfung, Pneumokokken und Rotaviren in einem Aufwasch gab.

Auch die gestrige Untersuchung war mehr als erfreulich. Unsere Kleine hat zugelegt - sie ist zwar immer noch bei den leichtesten 5% ihrer Alterskollegen angesiedelt, aber legt kontinuierlich brav zu. Somit „Kein Grund zur Sorge!" (die vielleicht schönsten Worte, die man als Eltern aus dem Mund eines Arztes hören kann). Auch vom Wachstum ist sie auf einem guten Weg. Bei dem letzten Termin ist die Arzthelferin noch in Panik geraten, da laut Messergebnis unsere Süße innerhalb von 2 Wochen 2 cm geschrumpft ist. Ich dachte, dass das negative Wachstum erst mit

70 einsetzt. Wir haben es aber recht locker genommen, im Gegensatz zur Schwester. Die noch dreimal nachgemessen hat und immer wieder zum gleichen Ergebnis kam. Erst gemeinsam mit dem Arzt ist es uns gelungen, sie wieder zu beruhigen. Die Vermessung von Kleinkindern ist wohl keine exakte Wissenschaft und die Messung beim letzten Termin ist wohl etwas danebengelegen.

Insgesamt muss man festhalten, dass wir mit unserem Kinderarzt wirklich sehr zufrieden sind. Auch wenn es manchmal zu Wartezeiten von bis zu eineinhalb Stunden kommt, ist die Betreuung ausgezeichnet. Zudem reden wir uns ein, dass die langen Wartezeiten ein Indiz sind, dass wir nicht die einzigen Eltern sind, die eine unendliche Liste an dummen Fragen zusammenstellen können und in jedem eingetrockneten Breiüberrest ein Melanom entdecken.

Beim Verlassen der Praxis hatten wir noch das Vergnügen, einer neuen Erkenntnis eines ca. 12-jährigen Jungens zu lauschen. Zu seiner Mutter gewannt erklärte er:

„..ah, ich dachte immer, ein Internist macht was mit Internet..."

Tja, Ich wusste als Kind wohl auch nicht, was ein Internist ist, aber für eine solche Vermutung waren wir doch eine andere Generation.

INFOBOX: IMPFUNGEN

Das Übel, das uns trifft, ist selten oder nie so schlimm, als das, welches wir befürchten.

Quelle: Friedrich Schiller

Bis ins 19 Jahrhundert waren Ärzte so gut wie machtlos gegen Seuchen und Epidemien und konnten nur die Symptome behandeln. Dann begann die wissenschaftliche Erforschung und

---

Herstellung von Impfstoffen mit gereinigten Bakteriengiften (Diphtherie und Tetanus) oder abgetöteten Bakterien (Typhus, Cholera, Keuchhusten). Der englische Landarzt Edward Jenner gilt als Begründer der aktiven Immunisierung. Nachdem er entdeckt hatte, dass Menschen die Kuhpocken durchlitten, hatten, auch gegen Menschenpocken immun waren, verabreichte er 1796 erstmals einen solchen Pockenimpfstoff. Allerdings wurde der Zusammenhang zwischen Kuhpocken und Menschen schon 1500 v. Chr. entdeckt, leider erfolgte damals aber noch nicht die Schlussfolgerung, dass sich dies im großen Maße replizieren lässt.[13]

Die Weltgesundheitsorganisation (WHO) strebte die Ausrottung von Masern in Europa bis ins Jahr 2010 an. Doch noch heute stecken sich jährlich hunderte Kinder, auch mit tödlichem Ausgang, an. In Europa ist insbesondere die zunehmende Skepsis gegenüber Impfungen einer der Gründe dafür, dass Eltern ihre Kinder nicht impfen lassen. In Großbritannien etwa kam es zu einer wahren Hysterie darüber, dass die Dreifachimpfung gegen Masern, Mumps und Röteln (MMR) angeblich zu Autismus führen könnte. Dabei ist die ursprünglich im Medizinjournal "The Lancet" veröffentlichte Behauptung, es gebe einen Zusammenhang zwischen der MMR-Impfung und Autismus, inzwischen längst widerlegt und von der Fachzeitschrift als unhaltbar zurückgezogen.[14]

Gängige Impfungen für Kleinkinder im ersten Jahr:[15]

- Rotaviren Schluckimpfung

- Pneumokokken

- Meningokokken

---

[13] www.impfwissen.at: http://www.gesunde-kinder.at, 2016

[14] Spiegel Online Wissenschaft: http://www.spiegel.de/wissenschaft/medizin/seuchen-who-verfehlt-ausrottung-der-masern-a-742820.html, 2011

[15] Bundesministerium für Gesundheit und Frauen, Impfplan Österreich 2016

- 6-fach Impfung gegen Diphtherie, Tetanus, Pertussis (Keuchhusten), Poliomyelitis (Kinderlähmung), Hepatitis B und Hämophilus influaenzae B (HIB)

08. September

Egal wie sehr man sich bemüht, am Ende des Tages ist man doch immer nur der Vater – und damit Elternteil zweiter Klasse. Am intensivsten erlebe ich es beim Einschlafen abends. Aus irgendeinem, mir nicht erklärbaren Grund, kämpfen Kleinkinder mit all ihrer Macht gegen das Abgleiten in die Traumwelt. Sie versuchen, auch wenn die Äuglein schon mal zugefallen, mit einem lauten Schrei den Wachzustand zu erhalten. Dieses Duell kann sich über Stunden ziehen. Hier ist unsere Anna sicherlich kein Einzelfall. Als Beweis gibt es auch auf YouTube sogar eine 12 Stundenversion von Brahms berühmten Wiegenlied „Guten Abend, gut' Nacht"– dies hat wohl einen guten Grund.

Bei der Feier im Büro zur Geburt unserer Kleinen habe ich noch herzhaft gelacht. Auf der netten Geschenkkarte war ein grummeliges Kind mit den folgenden Worten abgebildet:

„Not sure if I take a nap or cry about being tired"

Damals hatte ich nicht die geringste Ahnung, dass wir diese Aufführung unserer Dramaqueen jeden Abend vor uns haben würden...

NOT SURE IF I SHOULD TAKE A NAP

OR CRY ABOUT BEING TIRED

ABBILDUNG: BILD VON GESCHENKGUTSCHEIN ZUR
GEBURT MEINER TOCHTER

Heute bete ich, mit allen mir zu Verfügung stehenden Mitteln,
den Schlaf herbei. Doch die lauten Schreie wollen nicht verstummen. Wenn Mami sich dazu legt oder unsere Maus nur ihre
Stimme hört, ist sie in 2 Sekunden wieder brav und lächelt. Eine
Reaktion dieser Art gibt es bei mir in den Abendstunden nie. Somit gebe ich mich meist geschlagen und räume das Feld für die
weibliche Infanterie.

Oft versuche ich aber auch mein Glück als Vorleser und Erzähler
- zuweilen sogar mit Erfolg. Was man in diesem Alter vorliest,
ist im Grunde noch unwesentlich. Dennoch habe ich gemerkt,
dass Reime durchaus eine positive Wirkung erzielen können.
Umso erstaunlicher ist es, dass das Angebot passender Bücher
sehr überschaubar ist. In keinem unserer vielen Kinderbücher
lässt sich ein Versmaß finden. Auch sonst hatte ich bis auf Goethes Faust auf die schnelle nichts Passendes parat. Und zu Faust
verweise ich gerne auf die, aus meiner Sicht sehr passende, Literaturkritik eines Schulkollegen:

„Für mich ist das auch nur ein weiterer, billiger Liebesroman."

Somit versucht man es dann doch mit den vielen Kinderbüchern - oder mit denen, die man dafür hält. Interessant sind für mich die Parallelen, die auch in den unterschiedlichsten Kulturkreisen bestehen. Die Blutrünstigkeit mit der „Gute-Nacht-Geschichten" versehen sind, erschreckt mich jedes Mal aufs Neue.

Einmal habe ich, als Panikreaktion auf vergebliche Einschlafversuche, die erstbeste Geschichte unter „gute-nacht-geschichten.com" vorgelesen. Ein schwerer Fehler, wie sich herausstellen sollte. Die Geschichte handelte von einem Vater, der endlich die ersehnte Tochter von seiner Frau erwartet. Als für ihn logische Reaktion, plant er daher, alle seine zwölf Söhne umzubringen! Seine eigenen Kinder zu ermorden…Und das soll eine Gute-Nacht-Geschichte für Kinder sein? Die weiteren Geschichten auf der Seite waren übrigens ähnlich herzlich.

Klassische deutschsprachige Kinderbücher, wie die Geschichten der Gebrüder Grimm oder Hans Christian Anderson, vermitteln auch ein ähnlich „positives" Weltbild – wohl nur zu vergleichen mit dem Alten Testament. Bei vielen der Geschichten fragt mach sich fast, in welcher friedlichen Zeit wir heute leben. Im Vergleich dazu hätte wohl der Islamische Staat als Langweiler am Kindergeburtstag gegolten. Die Anzahl der Toten entspricht einem durchschnittlichen Roland Emmerich Film. Zudem ist es ratsam Saw I bis VII im Nachgang an eine solche Kindergeschichte zur Aufheiterung anzusehen.

Nun versucht man es mit orientalischen Märchen wie 1001 Nacht. Hier musste ich mir zur Schande eingestehen, dass ich den Ursprung der Geschichte „10001 Nacht" gar nicht kannte. Bei der Einleitung erfährt man aber, dass es in der Rahmenhandlung um einen König geht, der jeden Morgen ein junges Mädchen umbringen lässt. Einzig das letzte Mädchen scheint dem Tod zu entgehen, indem sie dem König Geschichten erzählt und dies eben 1001 Nacht lang – was am Ende passiert, weiß ich leider noch nicht… Auf jeden Fall haben diese Geschichten allein sprachlich ein weitaus höheres Niveau, dafür sind sie aber nicht unbedingt weniger blutrünstig.

Zu guter Letzt haben wir uns dann an antiken, griechischen Sagen versucht. Auch hier muss ich sagen, dass der pazifistische Weltgeist nur sehr eingeschränkt vorhanden ist. Allein, mit welch bestialischen Mitteln der Held Theseus verschiedene Straßenräuber auf dem Weg nach Athen um die Ecke bringt, könnte gut in einem Splatter Movie verarbeiten werden.

Somit ist es gut, dass ich diese Geschichten jetzt durcharbeite. Noch versteht unsere Süße nicht allzu viel. Meist greife ich am Ende auf meine Eigenkreation zurück – eine vielleicht langweilige Geschichte, die aber offenbar ihre Aufgabe erfüllt:

Es war einmal in einer weit, weit entfernten Galaxie,
am äußersten Ende eines aus der Mode geratenen Spiralnebels,
da befand sich eine niedliche, kleine Sonne.
Ein strahlender, kleiner Stern - aber er war allein.
Er war schon immer allein, solange er sich erinnern konnte.

Eines Tages hatte er die Idee eine kleine Schnuppe auf den Weg zu schicken.
Eine süße, kleine Sternschnuppe, die das Universum durchqueren sollte.
Und so flog die Schnuppe für lange, lange Zeit.
Sie verließ das Sonnensystem, durchquerte Asteroidengürtel und flog immer weiter.

Nach einer gefühlten Ewigkeit erreichte die Schnuppe eine andere
Sonne.
Und dieser Stern war auch allein und fühlte sich einsam.
Aber er freute sich unglaublich, die Schnuppe zu sehen.
Er fing die Schnuppe mit seiner Gravitation ein
und lenkte sie zurück in die Richtung, aus der sie gekommen war.

Damit die Schnuppe nicht so allein unterwegs war,
gab er ihr eine eigene Schnuppe mit auf den Weg.
So reisten die zwei Sternschnuppen gemeinsam durchs All.
Für unendlich lange Zeit flogen sie, bis sie wieder den ersten Stern
erreichten.

Und der Stern freute sich unglaublich, seine Schnuppe wieder zu
sehen.
Nie hätte er das erwartet.
Noch mehr freute er sich, die zweite Schnuppe zu sehen.
Er fing beide ein und lenkte sie zurück auf den Weg.
Dabei gab er beiden Schnuppen eine dritte als Begleiter mit auf die
Reise.

So reisten Sie zurück zum zweiten Stern
und auch dort bekamen sie wieder eine vierte Schnuppe neu hinzu.
Bei der nächsten Runde eine Fünfte und auch eine Sechste.

Und so ging es weiter, bei jedem Kontakt kam eine weitere, kleine
Schnuppe hinzu.
Eine Siebte, eine Achte und so fort.
Irgendwann waren es unendlich viele kleine Schnuppen,
die zwischen den beiden Sternen hin und her zogen.

Und aus den vielen kleinen Schnuppen wurde ein großer, strahlender Komet.
Und dieser Komet pendelt noch heute zwischen den Sternen,
umkreist sie und verbindet sie für immer.

So wie auch Du Mama und mich für immer miteinander verbin-
den wirst.

Schlaf gut, träum was Schönes und greif nach den Sternen. Gute
Nacht.

10. September

Der erste Auslandsurlaub – mit unserer Kleinen in den Süden,
zum allerersten Mal ans Meer. Als Übergang zu meiner Karenz
und der Wiedereinstiegsphase von Sonja ins Arbeitsleben, wollten wir noch einmal einen kurzen Urlaub einschieben. Den Spätsommer noch mal aufwärmen und unserer Süßen die ersten in-
terkulturellen Erfahrungen ermöglichen (bisherige Fahrten nach
Tirol und Kärnten mal nicht mitgerechnet).

So heißt es packen, planen und pausenlos darüber diskutieren,
ob man noch etwas mitnehmen muss, bzw. vielleicht was vergessen hat. Das Reisen hat dabei eine gewisse Familientradition.
Ich kann mich noch gut an die Anekdoten meiner Eltern erinnern
- Reisegeschichten als Studenten mit Auto und Zelt durch ganz
Europa und Teile Nordafrikas. Dementsprechend bin ich selbst
schon als 16-jähriger, mit Rucksack bewaffnet, zum ersten Mal
losgezogen. Eine Interrail-Tour deklariert als Sprachurlaub – offiziell damit ein Freund von mir und ich unsere Französisch-
kenntnisse aufbessern. Wider Erwarten haben unsere Eltern uns
für einen Monat ziehen lassen. Heute kann ich mir das beim besten Willen nicht vorstellen, meiner Tochter so etwas mit 16 zu
erlauben. Aber meinen Eltern bin ich dennoch dankbar – auch
wenn sich die Sprachkenntnisse damals nicht wesentlich verbessert haben.

Danach hat mich die Reisebegeisterung nicht mehr losgelassen.
Noch zweimal war ich mit Rucksack in ganz Südeuropa unterwegs. Bei einer Tour durch Portugal mit meinem Bruder, habe
ich gelernt, wie wichtig dabei ein aktueller Reiseführer ist. Wir
hatten damals ein 30 Jahre altes Guidebook unserer Eltern dabei.
Dieses legte uns wärmstens ein *„romantisches, kleines Fischerdorf"*

ans Herz. Gemeinsam mit Freunden, die wir in Lissabon getroffen hatten, erreichten wir nach strapaziöser Zug- und Busfahrt endlich diesen hoch angepriesenen Ort. Dort fiel uns aber erst einmal die Kinnlade herunter. Wir mussten ungläubig feststellen, dass die Zeit nicht spurlos an dem Ort vorbeigezogen war.

Aus dem einstmals, romantischen Fischerdorf, war ein riesiger Industriehafen, mit hochhausgroßen Krananlagen, Containerburgen und einem weniger einladenden Geruchscocktail, aus Ölen und Abfällen, geworden. So kann ich mich gut erinnern, wie ich mir für meine nächste Reise meinen ersten Lonley Planet Reiseführer zugelegt habe *„Southeast Asia on a Shoestring"* – heißt so viel wie Asien für wenig Geld. Und sparsam, in kurzer Zeit viel zu sehen, ist mir aber meist gelungen. Als ich Sonja kennenlernte, sprang sie auch sofort auf den *„als Rucksacktourist um die halbe Welt"* Zug auf. Zwar wurden die Reisen mit der Zeit immer etwas teurerer – man wird dann doch älter und anspruchsvoller - nächtigt nicht mehr auf Friedhöfen (was ich tatsächlich auf meiner ersten Reise mit 16 gemacht habe) – aber Reisen ist immer noch unsere gemeinsame Leidenschaft.

Nun steht aber eine neue Reiseerfahrung an: unterwegs mit Kindern, in diesem Fall mit einem Kleinkind. Und egal wie euphorisch Eltern in Bezug auf ihre Kleinen auch sein mögen, bei den Wörtern „Urlaub" oder „Reisen" hört man immer ein paar Wermutstropfen durch:

„Es ist halt doch nicht mehr so wie früher …aber die Kleinen schenken uns so viel andere Freuden…"

Na ja, schauen wir mal. Die letzten Tage waren auf jeden Fall von der anstehenden Reise geprägt. Neben ihren Job wurde der wesentliche Teil der Checkliste „Was-wir-unbedingt-Brauchen" von meiner Frau abgehakt. So mussten wir recht schnell feststellen, dass das Urlaubsequipment wohl nicht in einen einzigen Backpacker-Rucksack passen würde. Daher wird gleich mal eine Dachbox fürs Auto gekauft und beides munter befüllt:

- Eine große Tasche für mich
- Eine noch größere Tasche für meine zwei Mädels
- Eine Tasche mit Schwimmsachen für die Kleine
- Eine Tasche mit Lebensmitteln (Biogemüse etc. - wir kochen ja alles frisch für die Süße)
- Dampfgarer
- Dampfsterilisator (unser Vipo)
- Wasserkocher
- Eine Tasche mit Babywasserflaschen (abgepacktes Wasser vor Ort kaufen kann, ist sicher nicht gut genug)
- Kaffeemaschine (man muss ja auch den Eltern was gönnen)
- Tasche mit Schuhen (wird man als Mann nie verstehen)
- Reisebabybett
- Reisebabybettmatratze
- Kinderwagen und Babywanne (alleine die beiden Teile füllen schon den halben Wagen)
- Kühltasche
- Tasche mit Sportsachen für mich
- Tasche mit Elektroequipment – natürlich nur das absolut Notwendigste wie Spiegelreflexkamera, Actionkamera, Videokamera, Mini-Notebook, Kindle, Bluetooth-Lautsprecher und Ladegeräte (alles was man halt zum Überleben braucht)

Nachdem alles im Auto verstaut ist, bin ich doch überrascht, dass wir auch noch Platz finden. Allerdings habe ich auch ziemlich geschlichtet und es ist schon 2 Uhr morgens. Die Planabfahrt um spätestens 6 Uhr morgens verpassen wir haarscharf – dank ein paar Babytainment-Aktionen starten wir kurz nach 8 Uhr. Das Mittagstreffen mit Bekannten von Sonja, die wir vor deren Rückreise vom gemeinsamen Urlaubsort noch treffen wollen, wird wohl ausfallen – wäre sich aber auch ansonsten nicht ausgegangen.

Für die Strecke nach Kroatien, die wir früher immer als Wochenendausflug absolviert haben, brauchen wir normalerweise 5 Stunden. Heute kommen wir um 16:30 im Appartement vor Ort an. Man fährt halt langsamer und macht doch 4 bis 5 Pausen mehr. Überraschenderweise ist man aber auch entspannter und wir fühlen uns nicht unserem typischen Urlaubsstress ausgesetzt. Die Zeiten, in denen man möglichst viel in möglichst kurzer Zeit schaffen versucht, sind vorbei.

Die Anlage ist schön, das Appartement sauber und gut ausgestattet, und wir machen uns einen entspannten Abend. Normalerweise lieben wir es Campen zu gehen, aber im ersten Jahr mit der Kleinen ist dies wohl noch nicht ratsam – außerdem habe ich nicht den geringsten Schimmer, wie ich zusätzlich ein Zelt, Luftmatratzen sowie Campingtisch und -Stühle im Auto unterbringen sollte. Ist dann wohl eine Problemstellung, derer sich mein Zukünftiges Ich einmal widmen darf. So ist ein Appartement, das wir mit Freunden teilen, perfekt.

Heute wird noch einmal ins Meer gesprungen und die Kleine darf ihre Füßchen reinhängen. Dabei überlegen wir, ob sie überhaupt im Meer schwimmen sollte. Im Hallenbad ist sie ja quasi erfahrene Freischwimmerin, aber ob Salzwasser in diesem Alter ok ist, müssen wir unbedingt noch rausfinden…

12. September

Gestern waren wir dann mit der Kleinen schwimmen - nach längeren Überlegen, ergebnislosen Recherchieren, Diskutieren und danach Kapitulieren - im Pool (Salzwasser soll zwar gut für die Haut sein, aber ob übermäßiger Genuss für Babynieren gefährlich ist, konnten wir nicht gänzlich klären) - man kann ja nie wissen... Doch nach dem Sprung ins kühle Poolwasser mussten wir dann feststellen: Salzwasserpool - tja, dumm gelaufen!

Etwas später fanden wir aber auch einen Babypool - ob der mit Salz- oder Süßwasser gefüllt war, wollte ich beim besten Willen nicht mehr erkunden. Ein leichter Chlorgeruch war zumindest wahrnehmbar, was uns dann doch beruhigte. Allerdings roch es leicht salzig. Ich vermochte aber nicht herauszufinden, ob dieser auf Salzwasser oder die intensive Nutzung durch Kleinkinder zurückzuführen war.

Faszinierend im Urlaub ist aber insbesondere die Interaktion mit anderen. Hier erkennt man doch den Unterschied zwischen Kulturen und Geschlechtern. Während junge Männer Babys aus Prinzip kein Interesse schenken, ist dies bei Frauen (jeglicher Herkunft) meist diametral anders. Insbesondere aber kroatische Damen mittleren Alters pflegen die liebevolle Interaktion mit unserer Kleinen. Dabei wird dann auch gleich der Wortschatz erweitert. Ich gehe mal davon aus, dass es was Nettes auf Kroatisch ist… Daher werfe ich immer ein gekonntes *„Hvala"* (Danke) dazwischen – es ist leider immer noch erschreckend, dass ich nach all den Jahren und etlichen Kroatien-, Serbien- und Bosnienbesuchen, noch nicht einmal über ein Standardvokabular verfüge.

41

Die Antworten von Kleinkindern sind dann meist auch recht vielsagend, ohne wirklich konkret zu werden. Das Plappern wird auch jeden Tag um ein neues Geräuschspektrum erweitert. Schön wäre es hier einen passenden Übersetzer aller Dougles Adams Babel Fish zur Hand zu haben. Zwar haben wir gelernt die Kommunikationsbrocken unsere Tochter grob zu interpretieren, vom tatsächlichen Verstehen sind wir noch meilenweit entfernt. Umso interessanter ist es unsere Kleine zu beobachten, wenn sie munter auf ihren kleinen Spielkameraden David einplappert. Hier scheint doch jedes Wort klar und verständlich zu sein – vielleicht liegt es ja doch an uns.

Überhaupt lässt sich feststellen, dass Mütter und Väter doch anders auf Interaktionen von außen reagieren. Sonja ist im Normalfall weniger entzückt, wenn ein Wildfremder sich über den Kinderwagen beugt und infantilisierende Geräusche von sich gibt. Dies wird doch primär als Belästigung und potenzieller Keimträger empfunden. Ich hingegen schmelze dahin, wenn ich die Worte, *„Mei ist der aber süß!"*, höre – auch, wenn es mit der Geschlechtererkennung nicht immer so klappt (das ist halt der Nachteil, wenn wir versuchen, unsere Kleine geschlechtsneutral zu kleiden). Zudem ertappe ich mich oft dabei, wie ich den Augen von Vorbeieilenden folge, um zu sehen, ob sie auch brav unsere Kleine anhimmeln und ein Lächeln schenken.

INFOBOX: BABYSPRACHE

Die deutsche Sprache sollte sanft und ehrfurchtsvoll zu den toten Sprachen abgelegt werden, denn nur die Toten haben die Zeit, diese Sprache zu lernen.

Quelle: Mark Twain

Der Ursprung der menschlichen Sprache ist bis heute ungeklärt. So versuchte bereits Friedrich der II, mit einem fatalen

---

Experiment, die Ursprache der Menschheit zu finden. Er befahl das einige Babys, ohne jegliche Interaktion von außen, aufgezogen werden sollten. D. h. den Ammen wurde untersagt, mit den Kindern zu sprechen oder in einer anderen Form mit diesen zu kommunizieren. Sie sollten sich allein auf das leibliche Wohl mittels Stillen beschränken. Zielsetzung war es, somit unbeeinflusst, dem Erwachsen der Ursprache bei den Kindern zu lauschen. Leider hatte das Experiment nicht das gewünschte Ergebnis und alle Kinder starben, mangels sozialer Interaktion.[16]

Heute wissen wir, dass alle Babys weltweit sehr ähnliche erste Geräusche fabrizieren und bei der Entwicklung des Plapperns gleiche Phasen durchlaufen. Somit kommt erst in einer späteren Phase, durch Imitation der Geräusche und Laute der Erwachsenen, die eigene Muttersprache zum Vorschein.[17]

Auch von Sprachwissenschaftlern wird immer wieder die Vermutung aufgestellt, dass sich die meisten Sprachen auf eine gemeinsame Ursprache zurückführen lassen. Der Ursprung wird im indischen Raum vermutet (daher auch die Bezeichnung „indogermanische Sprachen"). Ob die Verbreitung über Europa und halb Asien durch Steppenvölker aus Südrussland oder Bauern aus Anatolien erfolgte, ist allerdings ungeklärt. Es wird vermutet, dass vor ca. 8.000 Jahren eine Verzweigung in unterschiedliche Sprachen aus einem Wortstamm eingesetzt hat. Daraus gingen Hindi oder Russisch, wie auch die dem Deutschen fast am nächsten verwandte Sprache Afrikaan hervor.[18]

Zusammengenommen verfügen alle Sprachen der Welt in etwa über 200 Vokale und 600 Konsonanten. Erwachsene neh-

---

[16] Largo, R.: Babyjahre, 2010

[17] Largo, R.: Babyjahre, 2010

[18] Berger, R.: Wie kamen die indogermanischen Sprachen nach Europa? in Spektrum der Wissenschaften 2010

men aber in der Regel nur einen geringen Teil dieser unterschiedlichen Laute wahr. Auch Dialekte können hier noch erschwerend hinzukommen. So ist es für manchen Süddeutschen oder Österreicher oft schwer die Laute weiches B und harte P zu unterscheiden. Dieses Problem haben Säuglinge noch nicht. Im Alter von 6 Monaten können noch alle möglichen Lauteinheiten voneinander unterschieden werden. Dieses hochsensible Gehör verschwindet allerdings im Lauf des ersten Lebensjahrs. Dieser scheinbare Verlust ist allerdings die Basis für die Entwicklung der Sprache. Babys lernen unbedeutende Feinheiten zugunsten der wesentlichen Laute der Muttersprache auszublenden.[19]

Lange Zeit war man der Meinung, dass Kinder mit der angeborenen Fähigkeit auf die Welt kommen Worte nach einem grammatikalischen Schema anzuordnen. Diese Idee einer Universalgrammatik wird aber in neueren Theorien immer mehr verworfen, auch auf Grund der Tatsache, dass sich keine durchgehenden, grammatikalischen Regeln in unterschiedlichen Sprachen finden. So sind zum Beispiel in der australischen Sprache Warlpiri die grammatischen Elemente überhaupt über den gesamten Satz verstreut.[20]

Gemäß dem gebrauchsbasierten Ansatz nutzen Kinder eine Reihe an Mehrzweckmodulen, um Sprachen zu erlernen. Hierzu werden die Fähigkeiten von Kategorienbildung, Deutung von kommunikativen Absichten und Erfassung von Analogien genutzt, um sich eine Sprach zu verinnerlichen. So erkennt zum Beispiel ein junger Mensch, dass nach der Phrase „Der Hund möchte" die Wörter „den Ball" durch die Wörter „das Futter" ersetzt werden können. Somit leiten Kinder spielend, aus der Sprache, die sie rundherum hören, grammatikalische Kategorien und Regeln ab.[21]

---

[19] Meyer, A.: So kommen die Wörter in den Kopf, in Spektrum der Wissenschaften, 2016

[20] Ibbotson, P., Tomasello, M.: Linguistik, in Spektrum der Wissenschaften, 2017

[21] Ibbotson, P., Tomasello, M.: Linguistik, in Spektrum der Wissenschaften, 2017

16. September

Mit Kleinkindern folgt die Dynamik einem anderen Muster. Bei früheren Urlauben war unser Programm dichtgedrängt. Jeden Tag hundert Kilometer Wegstrecke zurücklegen, idealerweise gleich mehrere Länder abklappern, mindestens 3 Kirchen und 5 Museen am Tag meistern und nebenbei ein 5-stündiges Sportprogramm absolvieren. Darüber hinaus war das Ziel mindestens 3 Bücher gelesen zu haben - als Sahnehäubchen auf dem perfekten Intensivurlaub. Der Erholungseffekt war nur so garantiert – man weiß ja nicht, wann die nächste Auszeit ansteht und was man sich dann erwarten darf.

Heute sieht unser gemeinsamer Urlaub mit Freunden (mit deren ebenfalls 5 Monate alten bzw. jungen Mann) marginal anders aus: Der Tag beginnt - 6:00 Uhr morgens Frühstück – leider halt nicht unseres. Danach noch ein kurzes Nickerchen. Um ca. 09:30 das zweite Frühstück – wieder für die Kleinen und nicht für uns. Danach kommen wir aber endlich an die Reihe – nachdem es meist schon 11:00 ist, titulieren wir es als Brunch. Um 12:00 geht dann auch gleich das Aufkochen des Mittagessens los – natürlich Brei auf Basis von importierten Bio-Gemüse aus Österreich. Das Zelebrieren des Mittagsmahles nimmt dann etwas mehr Zeit in Anspruch, sodass wir dann auch immer pünktlich um 14:00 Richtung Strand aufbrechen.

Der Nachmittag vergeht auch wie im Fluge und wider Erwarten kommen wir auch im Schichtbetrieb zum Schwimmen. Als Abschluss steht dann meist eine gemeinsame Schwimmrunde mit den Kleinen an. Man muss ja später angeben können, dass die Kleinen schon im Meer geschwommen sind. Dabei sind wir übervorsichtig, um maximal den Salzgeruch an unsere Kleine rankommen zu lassen. Dann heißt es schon wieder aufbrechen, Duschen und Füttern.

Gleich darauf ab in den Kinderwagen und beten, dass sie auch brav einschlafen. Ziel ist es bis zum nächsten Aufwachen zumindest so viel Zeit zu haben, um im Restaurant bösen Blicken vom Nachbartisch zu entgehen – die Chancen dafür stehen meist 50:50. Nach dem Late-Night-Snack der Kleinen geht meist der gemütliche Teil los. Die Kleinen schlafen und die Eltern genießen die ruhige Viersamkeit. Die Gespräche drehen sich um das Schwerpunktthema „Konsistenz von Körperausscheidungen unserer Kleinen" – ein ungemein spannender Themenkomplex, der wohl nie abschließend behandelt werden kann. Um kurz nach Mitternacht geht es dann ins Bett und der nächste Tag beginnt mit dem erstaunlich gleichen Muster. Und täglich grüßt das Murmeltier…

Früher hätte mich so ein laissez-faire Tag wohl in den Wahnsinn getrieben. Erstaunlicherweise macht mir das Programm heute so richtig Spaß. Entspannt, relaxt und einfach auf eine andere Zielsetzung ausgerichtet: jede Sekunde mit den Kleinen genießen – für mich ein völlig neuer Ansatz im Urlaub. Klingt immer noch komisch, funktioniert aber.

Heute haben wir es früher geschafft mit dem aktiven Teil des Tagesprogrammes zu starten. Dank einer logistischen Meisterleistung haben wir unsere Standardstartzeit *„viertel nach"* nur knapp verfehlt und sind dann um *„halb"* gestartet. Nämlich halb 12 – nach Rovinj – ein gemütlicher Kletter- & Schwimmtag und danach durch die Gassen der Stadt bummeln (soweit es das Kopfsteinpflaster erlaubt). Mehr kann man sich im Urlaub nicht wünschen – und ich lerne als Lektion des Tages:

Erwartungen lenken nicht das Ergebnis, aber deren Wahrnehmung!

19. September

Unser erster gemeinsamer Auslandsurlaub ist zu Ende. Und ich muss sagen, es war wunderbar: Sonne, das erste Mal im Meer schwimmen, viele gemeinsame Stunden und sogar ein wenig Bewegung (Laufen, Klettern, Schwimmen und Wakeboarden – Letzteres spüre ich leider heute auch noch in allen Knochen). Die Realität hat uns aber spätestens bei der Heimfahrt wieder eingeholt – grob 10 Stunden unterwegs. Alles dauert länger mit Kindern – die Windeln wechseln, nach einer Raststation suchen und sogar das Stehen im Stau.

Heute ist Sonja noch mit uns daheim und es steht ein schmerzlicher Abschied an: Nach fast 6 Monaten ist heute das letzte Mal Stillen angesagt. Als Mann kann man diese innige Beziehung, über einen Nippel verbunden zu sein, wohl nicht wirklich nachvollziehen – wobei, vielleicht kann man das doch.... Aber ich glaube, dieser Abschied ist aus vielerlei Gründen schwer.

Allein wenn ich an die ersten Tage zurückdenke. Vor unserer Tochter hätte ich mir nie vorgestellt, dass Stillen eine Herausforderung sein kann. Immerhin klappt dies doch seit Millionen von Jahren recht gut. Manche Tiere haben hier Multitasking zur Perfektion entwickelt und ich bin naiv davon ausgegangen, es läuft nach dem Motto:

„Auf die Plätze, Baby anlegen, los!"

Dann erfuhr ich - es gibt Stillkurse, Stillbücher, Stillberatung, Stillhütchen und vieles, vieles mehr. Und je mehr man sich umhört, desto mehr stellt man sich die Frage, wie unsere Spezies die letzten 100.000 Jahre überhaupt überleben konnte. Mir ist dies in der Tat unerklärlich. Entweder sind wirklich 90% aller Babys verhungert oder wir machen heute kollektiv, grundlegend etwas falsch.

So ging es uns in den ersten Wochen wie wohl vielen Eltern. Das Anlegen an die Brust führte nicht zum gewünschten Ergebnis und so wurden gängige Modelle an Stillhütchen durchprobiert. Diese Plastikknippelaufsätze scheinen wohl der einzige Weg zu sein einem modernen Baby Muttermilch schmackhaft zu machen - sozusagen als *Safer-Drinking*. Und natürlich nehmen „wir" nicht irgendein Stillhütchen in den Mund.

Hat man diese Phase einmal gemeistert, denkt man die Kleine hat den Dreh raus. Aber nein, jetzt fängt nach einigen Wochen die Schreiphase an. D. h. unsere Kleine schafft es für bis zu 30 Minuten am Stück, den Busen anzuschreien. Welche Intention hier verfolgt wird, ist uns bis heute nicht klar. Zuerst sehr verstörend – es hat ja schon gut gekappt – kommt nach dem Blick ins Internet die Erleichterung: Dies machen wohl die meisten Kinder durch.

Ich hatte verschiedenste Theorien aufgestellt: Vielleicht will man die Milch in Schwingungen versetzen, um einen chemischen Prozess in Gang zu setzen. Oder man will dem Busen mitteilen, dass man einfach nicht mehr so festsaugen will: Der Busen kann sich ja gefälligst mehr anstrengen und soll ein wenig mitarbeiten! Trotz Beruhigungsmusik, vielfachen Treppensteigen und Gesang gelingt es nicht, diese Phasen wirklich zu überspringen.

Nach ein paar Monaten läuft es dann aber wieder problemlos, zwar noch mit Nippel (Stillhütchen) aber ohne zu intensives Geschrei. Die Routine setzt ein und die Verbindung zwischen Mutter und Tochter wird von Tag zu Tag intensiver – insbesondere, wenn man zwischendurch mit einem Lachen belohnt wird.

Aber diese Phase ist heute vorbei und so fließen die Tränen – diesmal auf der anderen Seite. Und wohl leider nicht zum letzten Mal. Man freut sich über jeden Fortschritt, aber das Abschiednehmen tut weh. Ich versuche Sonja aufzubauen:

„Zumindest bis sie auszieht, sind es doch noch ein paar Jahre hin!"

Ich erziele aber nicht den gewünschten Erfolg. Somit muss man sich damit abfinden, dass die Kleine nicht immer klein bleibt. Irgendwann brauchen wir sie dann weit mehr, als sie uns – aber bis dahin sind es noch ein paar Jährchen hin…

EMANZIPATION

20. September

Die Papa-Karenz bietet jeden Tag die Chance auf neue Erfahrungen – wie zum Beispiel, während der Arbeitswoche die Sonne zu sehen – eine Sichtung, die einem ansonsten nicht allzu oft glückt. So trifft man, an solchen Wochentagen, in erster Linie Pensionisten, Kinder oder Frauen im Park, auf der Straße oder in Geschäften an. Als Mann allein mit Kinderwagen hat man doch ein wenig das Gefühl der Aussätzige zu sein - nicht als der Hahn im Korb, sondern eher als Elefant im Porzellanladen. Bloß nichts falsch machen! Nicht auffallen! Versuche kritischen Blicken auszuweichen oder lächelnd zu begegnen. Mich selber lächelt aus Prinzip niemand mehr an, denn die freundlichen Blicke gehen immer an mir vorbei zu unserer Tochter – ist ja auch klar.

Insgesamt denke ich, dass bei der Emanzipation in beide Richtungen noch Luft nach oben ist. Heute machte ich wieder eine dieser Erfahrungen. Meine Kleine im Arm, wollte ich gerade zur Tür raus und eine Runde im Kinderwagen drehen. Da wurde ich von unserer Putzfrau aufgehalten. Ein prüfender Blick. Dann die Frage:

„Sollte die Kleine nicht eine Mütze tragen?"

Klar – die liegt schon im Kinderwagen und wird gleich aufgesetzt.

„Gut, aber die Socken – sollte sie nicht eher Schuhe tragen?"

Nein – sie hat warme Socken an. Außerdem liegt sie unter einer Decke. Darüber noch die Abdeckung des Kinderwagens, damit die Wärme nicht entweicht. Zudem hat es draußen mehr als 18 Grad und es scheint die Sonne…

„Gut, aber Schuhe wären schon besser!"

Meiner Frau hätte sie mit Sicherheit keine einzige dieser Fragen gestellt. Vermutet man bei Männern grundsätzlich Inkompetenz in Bezug auf den Umgang mit Kindern oder liegt das an mir? Man muss bedenken, dass es sich hier um eine sehr ruhige und verschlossene Dame handelt. Ich freue mich schon auf eine entsprechende Begegnung mit ihrem extrovertierten Äquivalent.

INFOBOX: MÄNNERKARENZ

Wie wechselt der Macho eine Glühbirne aus? Gar nicht. Soll die Alte doch im Dunkeln putzen.

Quelle: Harald Schmidt

In Österreich ist es, seit dem Jahr 1990 möglich, als Mann in Elternzeit und somit Karenz zu gehen. Zur selben Zeit hat die Kampagne *„Ganze Männer machen halbe-halbe"* durchaus kontroversielle Diskussionen auslöste und wurde auch frühzeitig beendet. Im Jahr 1999 wurde sogar die Aufteilung der Versorgungsarbeit in die gesetzlichen, ehelichen Pflichten aufgenommen. 2002 erfolgte ein Ersatz des bisherigen Karenzgeldes durch das neugeschaffene Kinderbetreuungsgeld. Dieses sah verschiedene Modelle bis zu 3 Jahren vor, wobei 6 Monaten jeweils dem anderen Elternteil vorbehalten waren. 2008 erfolgten dann eine Reformierung auf das heute bestehende Modell des Kinderbetreuungsgeldes, sowie 2011 die Einführung eines zusätzlichen Papamonates.[22]

Die Beliebtheit der Väterkarenz ist über die letzten Jahre stetig gestiegen. Dennoch bleibt der Anteil der Männer in der Karenz eine Minderheit. Von den 128.730 Beziehern des Kinderbetreuungsgelds mit Ende 2016 waren 5.382 bzw. 4,2 % männlich. Besonders gering ist der Anteil den männlichen Beziehern bei regulären Angestellten. Hier sind es nur 2,9 %

---

[22] Reidl, S., Schiffbänker, H.: Karemzväter in Zahlem, 2013

bzw. 1.623 von 56.516. Bei Arbeitern sind es immerhin 6,6 % bzw. 1.107 von 16.854 und bei Beamten sogar 13,3 % d. h. 127 von 952 Beziehern. Besonders beliebt ist hier das Modell 12+2 Monate mit einem Männeranteil von immerhin 9,1 %. Auch im Bundesländervergleich erkennt man klare Tendenzen. Hier liegt Wien mit einer Männerquote von 6,7 % klar voran. Ganz im Westen in Vorarlberg sind es nur 2,1 %.[23]

Insgesamt gehen Väter deutlich kürzer als Mütter in Karenz, daher ist der Anteil der Männer über ein Jahr gerechnet höher (z. B. 8,4 % im Jahr 2011). Das beanspruchte Kinderbetreuungsgeld war aber auch schon 2011 bei 4,2 %. Der Anteil der Akademiker ist höher als bei Nicht-Akademikern. Die Anzahl ist hier ansteigend, allerdings die Dauer rückläufig. Interessant ist hier auch die Einkommensentwicklung bei Männern. Hier konnte sogar festgestellt werden, dass sich das Gehalt von Akademikern, zwei Jahre nach der Karenz, besser entwickelte als von Akademikern, die nicht in Karenz waren. Allerdings ist auch das Arbeitslosrisiko etwas höher.[24]

Mit skandinavischen Modellen kann man aber in Österreich noch nicht mithalten. In Schweden gehen über 20 % der Männer in Karenz, in Island bleibt fast ein Drittel aller Väter daheim.[25]

---

[23] Bundesministerium für Familie und Jugend: Kinderbetreuungsgeld – Statistik Dezember 2016

[24] Reidl, S., Schiffbänker, H.: Karemzväter in Zahlem, 2013

[25] Bundesministerium für Bildung und Frauen: Männer in Karenz – Fakten; 2017

22. September

Die letzten zwei Tage waren fordernd. Härter als ich es mir je erwartet hatte und ganz anders als die Zeit davor. Vielleicht war ich zu optimistisch. Vielleicht wird unsere Kleine aber einfach nur älter. Sie verändert sich. Da mitzuhalten ist manchmal herausfordernd und vielleicht auch der Grund, warum ich immer sagte, man darf diese Karenzzeit nicht als Urlaub bezeichnen. So fallen manche Dinge wieder auf einen zurück - somit *„Selber Schuld!"*

In meinen letzten Arbeitsmonaten hatte ich immer einmal pro Woche einen Home-Office-Tag. Dies war als Eingewöhnung geplant und ich konnte zum Teil wesentlich produktiver arbeiten als im normalen Büro-Alltags-Chaos. Konzentriert und fokussiert an Themen sitzen und meine Kleine entweder nebenbei beim Spielen oder noch besser beim Schlafen beobachten. Es war eine sehr positive Erfahrung. Diese Zeiten sind aber nun vorbei.

Gut, zum einen schläft sie weniger – das läuft in Phasen ab. Diese Entwicklung war absehbar. Das größere Problem ist aber, dass sie in den normalen Wachphasen fast immer meine Anwesenheit und vollste Fokussierung erwartet. Schon ein Abstand von über 2 Metern ist nicht tolerierbar – man muss ja Augenkontakt halten. Die Ausnahme stellen dabei die Krabbelübungen dar. Wobei hier der Übergang von einem motivierten Juchzen zu einem erschöpften und ausgelaugten Raunzen in Windeseile erfolgen kann. Hat man sich kurz weggedreht, um z. B. den Geschirrspüler auszuräumen, kann schon ein schnell anschwellendes Murren und Quengeln erfolgen. So spielt man dann mit dem Gedanken das Flugverhalten von Gläsern auf ihren Weg in den Kasten zu testen, bzw. diese anderweitig zu entsorgen, um schnell wieder bei der Maus zu sein.

Am schlimmsten ist aber das Einschlafverhalten. Hier befürchte ich, eine Teilschuld zu tragen. Gestern ist mir, bei der Gestaltung des Musikprogramms ein Fehltritt unterlaufen. Den Vormittag haben wir noch mit bekannten Klassikmelodien verbracht (man will ja der Tochter ein breites Musikverständnis mitgeben – vielleicht auch, weil ich das selbst nie hatte). Dann endlich - unsere Süße ist eingedämmert - dachte ich. Somit ein guter Zeitpunkt von der Einschlafmusik auf einen Radiosender zu wechseln. Leider hatte ich die Lautstärke des Radioprogramms unterschätzt. Zusätzlich war der Übergang von sanften Klassiktönen auf einen aktuellen Hard-Rock Hit nicht so gelungen.

Diese Klangwolke traf wie eine Tsunamiwelle auf unsere Süße. Die Kleine war nicht nur von einem Moment zum anderen wieder hellwach, sie schwebte geradezu in der Luft (und dies leider nicht im metaphorischen Sinn). Die Schreie waren vergleichbar mit ihrer ersten Impfung und fuhren durch Mark und Bein. Es ist die Art vom Schmerzlauten des eigenen Kindes, die einem selbst physisches Leid zufügen. Sie zitterte am ganzen Körper und ich hätte mir am liebsten einen Finger abgeschnitten, um ihre Tränen aufzuhalten. Erst nach geschätzten 10 Minuten hatte sie sich wieder ansatzweise beruhigt.

Nun scheint es mir, dass die Erinnerung an diesen Missgriff des DJs, jedes Mal in der Einschlafphase wieder hochkommt. Zumindest erwacht sie mit lautem Geschrei, just in den Momenten, in dem ich mir sicher bin, dass sie schon eingeschlafen ist. Ihr kleiner Körper zittert und ich schaffe es nicht mehr sie zu beruhigen. Manchmal überlege ich danach, ob ich vielleicht versuchen sollte sie den ganzen Tag wach zu halten, um das Einschlafen abends ihrer Mutter zu überlassen (bei der dieser Prozess von jeher problemlos funktioniert) - aber dies ist wohl auch keine Lösung für ein Kleinkind – wobei, wer weiß…

So hoffe ich, dass das Vergessen auch bei Kleinkindern früh einsetzt und der nächste Tag wieder einen ruhigen Mittagsschlaf für uns beide bringt. Ansonsten muss ich mir eingestehen, dass ich bzgl. des Fulltime-Jobs wohl recht hatte…

24. September

Einen großen Vorteil hat die Karenzzeit allemal - man kommt endlich einmal dazu, zu lesen. Zu viele Bücher in unserem Regal fristeten seit jeher ein sehr jungfräuliches Dasein. Unberührt blicken sie Tag für Tag auf uns herab, ohne jemals eine tragende bzw. gelesene Rolle einzunehmen. Dieses ändert sich aber nun und ich greife immer wieder munter nach einem neuen Buch, denn ich habe einen gewaltigen Vorteil: Einem knapp 6 Monate alten Baby kann man wirklich alles kritiklos vorlesen. Noch steht unsere Süße jeglicher Literaturgattung gleich aufgeschlossen gegenüber.

Darunter fällt natürlich auch die obligatorische Babyliteratur – sprich Babybücher. Und es ist erschreckend, welche Menge an Büchern wir schon angesammelt haben:

- Das Papa-Handbuch
- Das Mama-Handbuch
  [Im Gegensatz zur Version für Väter wird hier wohl schon ein gewisses (Vor)wissen vorausgesetzt]
- Das Handbuch für die stillende Mutter
- Baby special
- Baby Betriebsanleitung
  [Wie kommt man auf die Idee ein Babybuch in Form einer Betriebsanleitung zu formulieren? Genauso unleserlich formuliert wie für einen Videorecorder in den 80ern und genauso sinnlos.]
- Babyjahre
- …

Darüber hinaus noch alles rund ums Thema Essen:

- Die besten Breie für Ihr Baby
- Babynahrung selbst gemacht
- Was meinem Baby schmeckt
- Kochen für Knirpse
- Kochen für Babys und Kleinkinder
- …

Die meisten Bücher sind dabei im Grunde ideal für einen kalten, nebeligen Winterabend - allerdings nicht zum Lesen vor dem Kamin, sondern eher, um diese darin zu entsorgen. Der Brennwert liegt wohl weiter über dem Informationsgehalt bei den meisten Werken. Pseudowissenschaftlich angehaucht, mit einem esoterischen Unterton, der es schafft, jegliche Sinnhaftigkeit zu übertönen. Die Schriften vieler Weltreligionen spiegeln ein wesentlich neutraleres und wissenschaftlich fundiertes Weltbild wider. Brauchbare oder nützliche Informationen sucht man meist vergeblich. Dafür hat man die Chance das Weltbild des Autors oder der Autorin besser kennenzulernen – ob man will oder nicht. Plakative Thesen werden an die Wand geworfen und man fragt sich mit Recht, in welcher Boulevardzeitschrift das aufgeschnappt wurde. So wird einfach einmal festgehalten, dass die Verarbeitung von Makrelen und Sardinen im Brei schlau macht!

Ein Lichtblick hinsichtlich des informativen Wertes, bietet hier noch das Hörbuch „Achtung Baby" des deutschen Kabarettisten Michael Mittermeier. Ein Comedian, mit dem ich ansonsten wenig anfangen kann, bringt hier einen guten Überblick über den Schwangerschaft- und Babyentwicklungsprozess und beantwortet durchaus essenzielle Fragen für einen Durchschnittsmann wie *„Was ist eine PDA?"*. Bis zu diesem Hörbuch war ich auch der Meinung, dass es sich hier alleinig um einen, „Personal Digital Assistent", handeln muss (dem Vorgänger des heute gängigen Smartphones) und nicht um eine Periduralanästhesie. Auch die warnenden Worte zu einer Hausgeburt (*"vergleichbar mit einem Splattter Movie"*) habe ich auf jeden Fall mitgenommen.

Bezüglich klassischer Babyliteratur ist alleine das Buch *Babyjahre* des Schweizer Kinderarzt Remo H. Largo als Kompendium nutzbar und zu empfehlen. Es lässt den subjektiv, esoterischen Unterton einfach mal weg. Ein neuer Ansatz in dieser Literaturgattung, wie es scheint. Hier werden nicht nur Thesen in den Raum geworfen, sondern dies auch fundiert begründet und auch mit Hinweisen auf entsprechende Studien oder Literaturverweisen belegt.

So habe ich hier wirklich einige hilfreiche Informationen gefunden z. B. Aufmerksamkeitsverhalten und Interaktion: seit ein paar Monaten gelingt es unserer Kleinen, sich auf uns zu fokussieren und dies auch für längere Zeit aufrecht zu erhalten. So ist die Information, dass das Aufmerksamkeitsvermögen von Kleinkindern sehr eingeschränkt ist, für egozentrische Eltern durchaus relevant. Da es für Babys noch sehr anstrengend ist sich auf eine Person länger zu konzentrieren, scheint es schnell so, als ob sie sich nicht mehr für einen interessieren. Mir gefällt diese Erklärung wesentlich besser.

Auch werden die weiteren Entwicklungsschritte sehr ausführlich beschrieben. Nach der intensiven Betrachtung von Mitmenschen, denen man auch mal ein Lächeln schenkt, ändert sich der Fokus Richtung sonstiger Umwelt im vierten und fünften Monat. Als Eltern kommt man sich hier schnell herabgewürdigt vor. Unsere Kleine schaut einfach an uns vorbei, egal wie krampfhaft man sie anlächelt und Grimassen zieht. Doch dank der Information, dass dies wohl ein Zeichen guter Entwicklung darstellt, kommt man sich nicht mehr ganz so verschmäht vor. Und so weiß ich heute jedes Strahlen in meine Richtung umso mehr zu schätzen.

Für die Zukunft hoffe ich auch, dass die Vorschläge bezüglich Trotzphasen uns durch manche schwere Zeiten helfen werden. Man wird sehen...

28. September

Jeden Tag aufs Neue ist es für mich erschreckend, wie schnell die Stunden verfliegen. Man gibt nur schnell mal ein Fläschchen, reinigt es, sterilisiert es im Dampfreiniger, trocknet alles feinsäuberlich ab und schon beginnt das Ganze wieder von vorne. Die Zeit zwischen den großen und kleinen Mahlzeiten verrinnt nur so. Zwischendurch gibt es dann und wann einen Sprint zum Laufgitter, um ein paar motivierende Worte und Streicheleinheiten zu spenden. Ja, und dann gibt es noch Spezialaufträge. Was sich halt ausgeht. Heute stand Babymassage am Programm...

...Eine ganz spezielle Erfahrung. Nicht die Tatsache der Massage selbst – diese ist doch quasi wie bei ausgewachsenen Menschen, halt nur im kleineren Maßstab – es ist das doch sehr „weiblich" geprägte Umfeld. Es fängt damit an, dass ich schon vorweg darauf eingestellt war, der einzige anwesende Mann zu sein (eventuell maximal durch ein männliches Baby verstärkt). Dies traf natürlich auch zu (exakt ein männliches Kleinkind im Alter von 14 Wochen – trotzdem bestand hier eine merkwürdige Verbindung - so als Art Leidensgemeinschaft unter Männern).

Alle Babyveranstaltungen laufen im Grunde immer nach dem gleichen Muster ab. Alle sitzen im Kreis am Boden. Ich weiß nicht, ob dies daran lieg, dass man Erdverbundenheit zeigen will oder die Tatsache, dass Frauen mit dieser Art zu sitzen physiologisch besser umgehen können. Im Anschluss an eine solche Bodensitzorgie schmerzt jeder Knochen. Vor Beginn werden noch Windeln gewechselt oder die Kleinen noch schnell an die Brust genommen. Danach erfolgt die obligatorische Vorstellungsrunde mit Kurzlebenslauf. Erst danach geht es dann endlich ans Eingemachte.

Hier war ich auf das erste Aha schon verbreitet. Die Veranstaltung wurde von einer sehr netten End-40erin geleitet. Übermäßig zuvorkommend, 5 Kinder und so freundlich, dass man fast ein wenig Angst bekommt. Vor Beginn der Massage erfolgte die Aufforderung, sich in halb-meditativer Haltung, über das Baby zu beugen und die entscheidende Frage zu stellen:

„Darf ich Dich massieren?"

Erst wenn diese Frage bejaht wird, dürfe man natürlich erst anfangen. Nun ja, wie genau die Zustimmung erfolgen soll, ist nicht ganz klar. Ich hatte schon überlegt zwecks der besseren Verständigung, einen Block und Stift hervorzuholen, ließ es aber doch lieber bleiben. Man fragt sich schon, ob man manchmal nicht zu voreilend agiert. Vielleicht sollte man bei vielen Dingen vorweg die Erlaubnis einholen (Windeln wechseln etc.) – ich will ja auch nicht, dass mir jemand einfach so an die Wäsche geht.

Ich habe mich dann, trotz eines fehlenden eindeutigen Feedbacks, entschlossen mit der Massage zu beginnen. Meine Tochter möge es mir verzeihen. Die Massagen selber waren wenig aufregend, was meine Kleine wohl auch dazu veranlasste die ganze Stunde durch zu brabbeln. Nachdem das Plappern jetzt zu gut klappt, muss man dies schon mit der Umwelt teilen. Nachdem alle anderen Babys noch jünger waren, fühlte ich die neidischen Blicke auf uns haften. Gemeinsam mit dem locker-flockigen hin- und herdrehen, war sie der Star in der Manege. Auch wenn man natürlich nicht vergleicht und ich nicht ehrgeizig bin – man ist schon mächtig stolz, wenn das eigene Kind etwas kann, was andere noch nicht können…

Nur am Ende ging ihr ein wenig die Puste aus und sie fing an zu nörgeln – wir haben das dann aber gemeinsam gekonnt überspielt. Brust-, Arme-, Beine-, Hände-, Füße- und Bauchmassage waren abgeschlossen, da muss man nicht unbedingt noch mit den fettigen Fingern im Gesicht herumwühlen – kann ich gut verstehen. Selber stehe ich zum Thema Massage frei nach dem Motto von Josef Hader:

„…es reicht, wenn man sich dort berührt, wo es notwendig ist!"

Zum Abschluss noch die Worte, die mich dann doch wieder schmunzeln ließen:

„Danke, dass ich Dich massieren durfte!"

Die Einladung zur anstehenden Stillberatung, zu der ich mit vollem Ernst eingeladen wurde, habe ich dankend abgelehnt – auch wenn es da *„nicht nur um Stillen geht!"*. Spannend, dass ich das erleben durfte, aber als nächster Kurs ist eher „Trommeln mit Papa" angesagt – ist wohl eher meines….

30. September

Dieser Tag hat schon einmal gut angefangen! Vor der Schlafzimmertür begrüßen mich zwei Haufen Erbrochenes – diesmal kein Gruß von der Kleinen, sondern von unseren Katzen. Nachdem es zwei sind, gehe ich davon aus, dass es Teamwork war. Seit der Geburt unserer Tochter sind die einstigen Dauerstreithähne auf einmal unzertrennlich. Sie sind beide sehr liebesbedürftig und scheinen mit dem neuen Mitbewohner im Haus einen gemeinsamen Gegenpol gefunden zu haben - frei nach dem Motto „Der Feind meines Feindes ist mein Freund!". Gut, bei dem Erbrochenen vor mir gehe ich nicht davon aus, dass es sich um ein Beschwerdeschreiben wegen zu wenig Zuwendung handelt. Ich glaube, manchmal kommt das bei Katzen einfach vor und heute bin ich einfach noch nicht dazu gekommen, sie an die frische Luft rauszulassen.

Der Morgen folgt einem fixen Ablauf und unsere zwei Stubentiger sind leider nur noch die Nummer Zwei in der Prioritätsliste. Zuerst der frühmorgendliche Boxenstopp mit der Kleinen: Heute mit übervoller Windel. Gefühlt muss sich hier ein halber Liter Flüssiges aufgestaut haben. Die Windel ist somit übervoll. Was dazu führt, dass Anna sofort ein Strahl Urin über mich und den Wickeltisch ergießt – wieder einmal war ich eine Spur zu langsam.

Scheinbar gibt es bei Windeln einen Maximum-Absorbierungs-Level. Wenn dieser erreicht ist, stellt die Kleine die Flüssigkeitsabsonderung ein und aktiviert diese erst, wenn die Windel wieder entfernt wird. Natürlich wartet ein geschultes Baby auf jenen Augenblick, in dem man für eine Sekunde nicht hinschaut. Einzig positiv ist, dass Mädchen hier wohl doch Vorteile gegenüber

Jungen bieten. Ein zielorientiertes Urinieren, wie es bei Buben wohl vorkommt, klappt glücklicherweise nicht. Man freut sich halt über die kleinen Dinge im Leben.

Apropos „kleine Dinge" – nach dem Windeln wechseln steht immer das morgendliche Fläschchen an. Danach folgt dann auch gleich prompt der zweite Boxenstopp, diesmal auch mit Material – richtig viel Material.

Es ist für mich bemerkenswert, welchen Stellenwert ordinärer Stuhlgang im Leben von jungen Eltern einnimmt. Man entwickelt ein ähnliches Vokabular für Exkremente, wie Inuit Wörter für Schnee haben. Betrachtet ihn ausführlich. Vermisst ihn und beurteil die Konsistenz, Farbe und Geruch. Überwacht penibel die Frequenz der Ausscheidungen. Und diskutiert und philosophiert im Anschluss darauf mit seinem Partner. Aber nicht genug, dass in unserer Beziehung einfache Kacke so einen hohen Stellenwert einnimmt, auch im Umgang mit anderen Jungeltern ist es das Gesprächsthema Nummer Eins. Bei jeder Gelegenheit, aber insbesondere bei gemeinsamen Mahlzeiten, werden Fragen gestellt wie:

„Wie oft am Tag kackt den Eure Kleine?"

„Hat sich der Geruch verändert?"

„Ist die Kacke bei Euch jetzt auch so fest, seit sie Brei isst? Bei uns ist die jetzt jedes Mal wie ein harter Keil geformt..."

Tja, und es ist völlig normal. Manchmal sehne ich mich nach dem Moment zurück, als wir noch über Politik oder Wirtschaft bei Tisch sprachen. Natürlich beteilige ich mich aber dennoch intensiv bei jeder Kack-Diskussion.

Umso interessanter ist die Vertiefung dieser Thematik, wenn man bedenkt, dass die Aussage des Stuhlgangs doch oft überschätzt wird. Allein die Regel über die Frequenz des Babystuhls ist doch recht weit gefasst:

„Zwischen 10-mal am Tag oder einmal alle 10 Tage ist alles normal!"

Doch man kann an kaum etwas anderem so gut die Weiterentwicklung der Kleinen beobachten. An den ersten Tagen nach der Geburt kommt einem noch das Kindspech entgegen. Man fragt sich, wie ein solcher Stoff, der eher den Toren der Hölle entstiegen scheint, aus so einem süßen Babypopo rauskommen kann. Tiefschwarz und mit einer Konsistenz, die mich irgendwie an Sauron aus Herr der Ringe erinnert. Danach wandelt sich die Form und Frequenz und man denkt, jetzt hat man den Rhythmus raus. Doch dann kommen die ersten „Mega-Kacksis", bei dem die Kleine den ganzen Rücken bis zum Hals voll hat. Irgendwann der erste Durchfall und man hofft, dass das ganze nach zwei Tagen wieder ein Ende findet und der Flüssigkeitsverlust sich in Grenzen hält. Man beobachtet die Veränderung in Geruch und Konsistenz und ist sogar Stolz auf neue Farbspiele, die sich durch verschiedene Breizubereitungen ergeben.

All dies möchte ich nicht missen, so absurd es klingen mag. So muss ich denn auch ein wenig Lächeln, als ich in den Keller komme und Katzenkot neben dem Katzenklo finde. Das typische Zeichen unseres Katers Bilbo – er ist ja auch noch da…

INFOBOX: STUHLGANG

"Jetzt geht jeder noch mal aufs Klo und dann reiten wir los."

Quelle: Sky du Mont

Der Ursprung des Wortes Stuhlgang leitet sich aus der älteren Medizinsprache ab. Damals war es üblich sein Geschäft auf einem Leibstuhl zu vollbringen - einem Stuhl mit eingebautem Nachttopf, zur Aufnahme von Fäkalien.[26]

Der Vorgang des Stuhlgangs ist als solcher ein faszinierender Prozess. Dabei treten der äußere und der innere Schließmuskel in einer Doppelconférence auf, die ihres gleichen sucht. Der innere Schließmuskel stellt die Barriere zum Darm her und lässt bei Füllung erst einmal einen Testhappen durch. Sensorzellen zwischen den Schließmuskeln analysieren das Produkt und liefern die Informationen an das Gehirn. Danach wird vom Gehirn entschieden, wie vorzugehen ist. So ist bei einem Analyseergebnis „Gasförmig" der Weg zur Toilette nicht so dringend anzutreten, wie bei dem Resultat „Vermutlich Durchfall". Hier erfolgt auch schon mal reflexartig ein stärkeres Verschließen des äußeren Schließmuskels. Aktiv lässt sich alleine der äußere Muskel steuern. Was wohl auch der Grund ist, warum die Existenz des inneren Schließmuskels nicht hinlänglich bekannt ist.[27]

Der Stuhlgang und dessen Konsistenz sind dabei, im Laufe des Lebens, einem ständigen Wandel unterworfen. In den ersten 12 bis 48 Stunden nach der Geburt findet sich das grünschwarze und sehr zähe Kindspech in den Windeln von Neugeborenen. Die medizinische Bezeichnung hierfür ist Mekonium. Während der Schwangerschaft beginnt das Baby kleine Schlucke Fruchtwasser zu trinken. Dabei nimmt es Eiweiß, Zucker, Kalium, Natrium, Spurenelemente sowie Härchen und Hautzellen auf. Aus diesen, gemeinsam mit Galle und Darmzellen des kindlichen Darmtrakts, bildet sich das spätere Kindspech.[28]

---

[26] Wikpedia: Stuhlgang

[27] Enders, G.: Darm mit Charme, 2014

[28] Wendler, N.: Kindspech, 2015

ZWEITER MONAT

01. Oktober

Nun ist der erste Monat rum und ich muss mich fragen, frei nach John Lennon: „And what have you done?". Was von all den gro-ßen Plänen für mein Papabatical lässt sich noch realisieren oder bin ich gar schon auf einem guten Weg? Vorweg habe ich kaum etwas mehr gefürchtet als Langeweile, Nichtstun und das geistig Versanden. Man ist sich ja nie sicher, ob die Interaktion mit ei-nem Kleinkind nicht zur eigenen Infantilisierung führt. Gut, die Angst vor Langeweile habe ich nach dem ersten Monat nicht mehr, aber andere Pläne bestehen weiter.

Was hatte ich nicht alles an Ideen? Einmal habe ich mit dem Ge-danken gespielt mein Doktoratsstudium wiederaufzunehmen. Wobei Wiederaufnehmen hier wohl nicht der richtige Ausdruck ist. Zwar hatte ich die Basislehrveranstaltungen fast beendet und schon ein Grobkonzept erarbeitet, doch dies ist schon so lange her, sodass ich, dank Lehrplanänderung, wieder bei null beginn-nen müsste. Zudem ist heute ein Doktorat keine Aktivität, die man in 5 Monaten durchziehen kann. 5 Jahre sind wohl eher zu-treffend und somit ist dieses Thema wieder von meiner Liste ge-strichen.

Einiges andere ist aber auf der Liste gelandete und verblieben:

- *Ein Buch schreiben:* Klingt nach einer guten Idee. Dum-merweise bezieht sich der Plan nicht auf diese vorliegen-den Zeilen. Mein Roman hat bereits 20 Seiten, nur blöd, dass er auf diesem Level seit einigen Jahren dahinvege-tiert. Somit habe ich über den Sommer angefangen das Buch „Der Roman: Planen – Schreiben – Veröffentlichen" von Arwed Vogel zu lesen und versuche die beschriebenen Schritte zu befolgen. Die Anleitung ist gut, meine Umsetzung mäßig. Mit dem Konzept bin ich im letzten Monat weitergekommen, mit dem Schreiben weniger. Somit muss man sehen, wohin die Reise führt. Die Hoffnung habe ich noch nicht aufgegeben.

- *Gemeinnützige Tätigkeiten intensivieren:* Etwas „Sinnvolles" zu machen hat wohl jedermann auf der Agenda. Bei mir ist es schon etwas her, dass ich das letzte Mal das Gefühl hatte, meine Zeit für etwas mit Mehrwert aufgewendet zu haben - vielleicht während meiner Zivildienstzeit beim Roten Kreuz oder meiner Entwicklungshilfearbeit in Indien während des Studiums. Ist doch beides etwas länger her. Seitdem war bisher nur punktuell etwas möglich. Diesbezüglich bin ich aus meiner Sicht auf einem recht guten Weg. Zum einen bin ich seit diesem Monat in einer Microfinance-Organisation ehrenamtlich tätig. Hier kann ich ein wenig in der Öffentlichkeitsarbeit unterstützen und war heute auch aktiv bei einem Messeauftritt dabei. Zum andere habe ich auch mehr Zeit für die Mitarbeit in unserem Service-Club. Hier steht im Moment z. B. die Unterstützung der lokalen Flüchtlingsbetreuung an. In der nächsten Woche habe ich gleich einige Termine zur Schulung von Flüchtlingen und eine Eventvorbereitung. Somit gut im Plan.

- *Gewichtsreduktion und mehr Sport:* Von meinem Höchstgewicht bin ich glücklicherweise noch weit entfernt - von meinem Idealgewicht leider auch. Daher das klare Ziel mehr Sport zu betreiben, um den Marathon im November zu überleben. Zusätzlich sollten die 7 Kilo wieder weg (das Plus aus meiner passiven Schwangerschaft). Nach dem ersten Monat ist maximal 1 Kilo weg.

Mehr Sport klappt mehr oder weniger (dank regelmäßigen Laufrunden mit der Kleinen). Nur weniger Essen war noch nie meine Stärke. Schauen wir mal, wohin die Reise geht.

- *Klavier spielen lernen*: Ein Piano habe ich mir zum Studienabschluss gewünscht. Dummerweise hat mir niemand das notwendige Talent dazu geschenkt. Der Versuch Klavierspiel autodidaktisch zu erlernen, ist leider kläglich gescheitert. Dies lag zum einen an der Zeit, aber auch an der Disziplin. Somit wäre jetzt die ideale Gelegenheit mit professioneller Unterstützung das Thema wieder anzugehen. Allerdings ist mir im ersten Monat diesbezüglich noch nichts gelungen – schauen wir mal, ob das in diesem Leben noch was wird…

- *Plan danach:* Auch 5 Monate gehen einmal vorbei. Und einer der Gründe für die längere Auszeit, war auch meine Unzufriedenheit mit der beruflichen Situation. Nun habe ich Zeit zu überlegen und zu planen. Ob ich in die gleiche Position zurückgehe oder etwas Neues finde, werden die nächsten Monate zeigen. Eventuell kommt ja sogar meine Motivation wieder zurück.

Mit dem aller wichtigsten Ziel bin ich aber voll im Plan: Jede verfügbare Sekunde mit unserer Maus zu genießen! Ich danke für jeden Moment mit ihr und alle anderen Ziele verlieren dabei im Grunde an Bedeutung.

04. Oktober

Heute hatte ich nur einen einzigen Punkt auf der Agenda: ein Treffen mit einem ehemaligen Arbeitskollegen, der gerade mit seiner Familie Wien besucht. Also nichts weiter als das – aber, so einfach ist es dann doch nicht. Treffpunkt um 13:00 in der Innenstadt. Das heißt planen und den Zeitablauf des Tages darauf abstimmen. Das klassische Mittagessen unserer Kleinen ist wohl so nicht drinnen – Brei sollte sie aber zweimal am Tag bekommen (normalerweise so um 13:00 und 17:00). Somit schieben wir. Obstbrei gleich und 10:00 – alleinig sie muss es ja auch essen, was leider nicht gelingt. Somit versuchen wir es gleich um 11:00 noch mal – jetzt etwas besser. Dafür ist die Milch um kurz vor 12:00 nicht der Hit. Irgendwie auch logisch, wenn immer ca. 3 Stunden zwischen den Mahlzeiten sein sollten. Um 12:00 starten wir Richtung Stadt.

Ursprünglich war geplant die öffentlichen Verkehrsmittel zu nutzen – doch das fällt auf Grund des Regens ins Wasser. Mit dem Auto ist es dann doch einfacher. In der Tiefgarage suchen wir länger nach dem richtigen Ausgang. Mit Kinderwagen kann man nicht jedes Hindernis einfach so meistern. Auf einmal fühlt man sich absurderweise mit Rollstuhlfahrern verbunden. Allerdings möchte ich mir nicht vorstellen, welche sonstigen Herausforderungen von solchen Menschen jeden Tag zu meistern sind.

Nach dem Treffen mit den Bekannten geht es direkt wieder nach Hause. Dort gibt es gleich wieder eine Michlmahlzeit für den ärgsten Hunger. Kurz danach gibt es dann das Mittagessen. Hier wiederholte sich der Fehler vom Vormittag:

„BITTE drei Stunden Pause zwischen den Mahlzeiten! Sonst esse ich nichts! Ist doch nicht so kompliziert, oder?"

Aber wehe es sind einmal 3 Stunden und 10 Minuten, dann naht die Apokalypse.

Das Treffen selbst war übrigens sehr nett. Der kleine, zweieinhalbjährige Luca hat Anna schöne Augen gemacht, während er mir die Paprika von der Pizza stibitze. Danach wurde einmal der Stuhl durchs ganze Lokal gezerrt und alle gut unterhalten – da steht uns wohl noch einiges bevor! So genieße ich die ruhige Zeit mit unserer Kleinen umso mehr - könnte sich ja auch bald ändern.

Eine interessante Unterhaltung hatten wir zum Thema Vaterkarenz. Hier gab es kürzlich eine Gesetzesänderung in Rumänien (mein Ex-Kollege kommt aus Bukarest). Eltern (Mann oder Frau) haben in der Karenz immer das Anrecht auf 85 % des Letztgehaltes. In Österreich ist dies mit einer Obergrenze von 2.000 EUR festgelegt. Dies gilt in Rumänien nicht, was zu einem Boom bei der Väterkarenz geführt hat. So wurde auch das Beispiel eines leitenden Angestellten genannt, der jetzt über 10.000 EUR im Monat vom Staat kassiert. Ich bin gespannt, ob dieses Modell so bestehen bleibt.

Als Tagesabschluss steht noch ein Video auf dem Programm. Unsere Kleine plappert von Tag zu Tag mehr. Und als Eltern interpretiert man auch immer mehr und mehr hinein. Jetzt hat Sonja es endlich geschafft, die schönsten Laute, die sich eine Mutter vorstellen kann, auf Video festzuhalten.

„Ma-ma"

Gut, das heißt, wohl wir müssen unsere Trainingseinheiten für „Pa-pa" ab morgen intensivieren. Den Abend muss ich jetzt damit verbringen, meine Frau zu beobachten, wie sie immer wieder verliebt das Video abspielt und dabei strahlt! – Mhm, das schaff ich auch noch!

06. Oktober

Manchmal ist es, auch in der Vaterkarenz angenehm auf einer Basisinfrastruktur aufzubauen. Auch beim Management eines Kleinkinds kann man auf die Errungenschaften des 21. Jahrhunderts zurückgreifen. Vor 50 Jahren sah das Babymanagement wohl noch etwas anders aus…

Alles fängt schon mit den notwendigen Public-Relation-Arbeiten an. Man sollte nicht unterschätzen was für einen PR-Aufwand mit einem Kleinkind verbunden ist. Hierbei gilt es die Errungenschaften sozialer Netzwerke und deren Gefahren abzuwägen. Gut, es gibt den klassischen Weg alles was einem und auch seinem Kind so widerfährt, einfach auf Facebook zu stellen. Kann man machen – ob man es sollte, ist aber die eigentliche Frage. Manches süße, sabbernde Babyfoto von heute, möchte man doch nicht einem zukünftigen Klassenkameraden in die Hände spielen. Und Kinderfotos offen ins Internet zu stellen, empfinde ich nicht als unbedenklich.

So haben wir uns nach langem Zweifeln entschieden, die Entwicklung unserer Kleinen über Whatsapp mit unserer Familie zu teilen. Es gibt alle 2 bis 3 Tag ein neues Bild oder Video, das mit der Gruppe geteilt wird. Danach lechzt man nach Kommentaren und Likes – klar will man bestätigt haben, wie süß die Kleine doch ist. Dank diverser Emojis gibt man dem Fanclub hier alle Möglichkeiten die Sympathie offen zu zeigen. Insbesondere, da fast alle Familienmitglieder doch einige hundert Kilometer entfernt sind, ist dies eine schöne Möglichkeit alle Up-to-date zu halten. Ausgewählte Momente werden dann auch mit noch ausgewählteren Freunden geteilt. Sonja übernimmt in der Regel diesen Teil der Öffentlichkeitsarbeit, damit auch Taufpatin, gute

Freunde, ihre Mädls im Büro oder bekannte Neo-Eltern immer auf dem Laufenden sind.

Ein weiterer Eckpfeiler ist Videotelefonie via Skyp. Insbesondere mein Vater, der doch meistens auf den Philippinen verweilt, freut sich immer unheimlich über einen Anruf. Ob Anna in dem ruckelnden und manchmal verkastelten Bild ihren Großvater erkennt, kann ich nicht mit Sicherheit sagen. Es geht aber auf jeden Fall eine unheimliche Faszination von dem Handy aus, in dem Opa immer unerwartet erscheint. Die Begeisterung für Smartphones hat sie aber eventuell einfach nur von uns abgeschaut. Die eigene Angewohnheit das Handy anzubeten, sollten wir uns dringend abgewöhnen. Hier einen richtigen Umgang mit Medien vorzuleben ist für Sonja und mich die wahre Herausforderung. Zumindest besitze ich kein iPhone, sonst könnte meine Tochter denken, ihr Vater wäre ein Apfel. Trotzdem wäre es wohl besser, wenn sie mich öfter als die Rückseite des Handys zu Gesicht bekommt.

Auf jeden Fall sind wir dankbar für die Möglichkeit von Videotelefonaten. So bietet man den Großeltern auch über die Entfernung die Möglichkeit, das Enkerl live zu erleben. Und was gibt es Schöneres als das Grinsen und Glucksen – meist kommen die Geräusche und Grimassen von den Großeltern. Aber hin und wieder werden diese auch von unserer Kleinen erwidert. Solche Erfahrungen habe ich im Büro bei Videotelefonaten oft vermisst – vielleicht haben diese deswegen nie wirklich zu Begeisterungsstürmen geführt.

Auch der Alltag ist von elektronischen Hilfsmitteln geprägt. Nach langen Diskussionen habe ich Sonja davon überzeugen können, auf eine gemeinsame, elektronische To-do-Liste umzusteigen – ein großer Fehler! Zwar ist es praktisch, sowohl die Einkaufsliste wie auch sonstige Aufgaben im Haushalt als gemeinsame Liste über das Handy zu teilen. Auch regelmäßige Tätigkeiten wie das monatliche Entkalken der Wasserhähne können so festgehalten werden. Allerdings hat meine Frau in kürzester Zeit gelernt, dieses Instrument vollumfänglich (gegen mich) zu nutzen. Beim Einkaufen hake ich oft einen Punkt auf der Liste ab und finde im selben Moment drei neue Einträge. Nachdem ich den Fehler gemacht habe, die To-do-Liste auch mit meiner Uhr zu verbinden, leuchtet hier im gefühlten Minutentakt eine neue Aufgabe auf meinem Handgelenkt auf. So erinnert mich ein leichtes Vibrieren der Uhr, dass nicht nur Hunde eine Leine haben. Insgesamt ziehe ich diese Art der Kommunikation dem früheren Post-it-Chaos aber dennoch vor. Mittlerweile hat Sonja sogar eine Freundin davon überzeugt, dasselbe App zur Steuerung des Haushaltes, sprich ihres Freundes zu nutzen. Ich hoffe, das fällt nicht auf mich zurück.

Insgesamt bin ich aber sehr froh über die Möglichkeiten, die sich heute bieten. Auch wenn ich mich manchmal frage, ob es diese geschätzten 10.000 Fotos, die wir nach einem Jahr wohl von Anna haben, mit dem einen schwarzweiß Foto unserer Großeltern mithalten kann. Manchmal ist weniger auch mehr.

INFOBOX – INTERNET UND SOCIAL MEDIA

Das Tolle am Internet ist, dass endlich jeder der ganzen Welt seine Meinung mitteilen kann. - Das Furchtbare ist, dass das auch jeder tut.

Quelle: Marc-Uwe Kling

Was einmal im Internet steht, bleibt im Internet. Diese Tatsache ist mittlerweile hinlänglich bekannt. Das aber in der Regel auch jegliche Urheberrechte damit verloren gehen, ist nicht unbedingt jedermann bewusst. So verkündete Instagram, 3 Monate nach dem Verkauf des Unternehmens an Facebook, es werde Namen, Bilder und Fotos ihrer Kunden an Werbekunden verkaufen. Hochgeladene Fotos des eigenen Kindes können somit, entsprechend den definierten Nutzungsbedingungen, bei Werbung für Babynahrung oder Kinderspielzeug eingesetzt werden. Alle hochgeladenen Fotos sind geistiges Eigentum des Unternehmens und dürfen von Zeitungen, Zeitschriften oder anderen Medien legal eingesetzt und vermarktet werden. Vergleichbare Nutzungsbedingungen sind auch bei anderen großen Internetunternehmen wie Facebook, Google oder Twitter gang und gäbe. [29]

Laut einer Studie des Softwareherstellers AVG aus dem Jahr 2010, luden damals schon 71 % der deutschen Mütter, vor dem zweiten Geburtstag ihrer Kinder, Fotos in soziale Netzwerke hoch. In den USA sind es sogar 92 %. Besonders beliebt ist hier Facebook, auf deren Seite 30 % der Mütter Fotos ihrer Neugeborenen veröffentlichen, 15 % sogar Ultraschallbilder der ungeborenen Kinder.[30]

Dieses, auf den ersten Blick verständliche Verhalten, ist aus ethnischer, aber auch rechtlicher Sicht, durchaus umstritten. So hat das Amtsgericht Menden im Jahr 2010 auf Betreiben der alleinsorgeberechtigten Mutter, einem Vater die Veröffentlichung von Kinderfotos auf der Internetseite meinVZ untersagt und ihn zum Entfernen der Fotos verpflichtet. Kinder haben vom Beginn ihres Lebens Rechte an eigenen Bildern und ihrer Privatsphäre. Sie sind dabei besonders schutzbedürftig und genießen erhöhten Schutz, was die ungehinderte Entfaltung ihrer Persönlichkeit betrifft.[31]

Eltern können nicht wissen, wie sich ein Kind zukünftig entwickelt. Daher kann ein publiziertes Foto heute, nicht unbedingt im zukünftigen Interesse des Kindes liegen. Sei es auf Grund einer Behinderung, sexuellen Orientierung oder einer

---

[29] Goodman M. Global Hack, 2015

[30] AVG Software, 2010

[31] http://www.mamaclever.de

zukünftigen öffentlichen Rolle. Daher fordern Initiativen wie *Keine Kinderfotos im Social Web* seit längerem, dass keine Bilder von Kindern im Internet öffentlich gemacht werden sollen. Wesentliche Argumente sind hier:[32]

- Übertragung der Rechte an Internetunternehmen wie Facebook
- Eltern und Schulen haben die Aufgabe die Privatsphäre der Kinder zu schützen
- Eltern und Schulen dürfen nicht darüber befinden, welche Bilder Kinder unter Umständen später nicht wünschen
- Pädophile nutzen Soziale Medien zum Finden potentieller Opfer

In den USA besteht mit dem *Children's Online Privacy Act* eine Begrenzung, welche Informationsmenge über Kinder unter 14 Jahren erhoben und gespeichert werden darf. Allerdings werden auch diese Regelungen oft dreist mit online Fragebögen und Spielen umgangen.[33]

Das Internet bietet aber auch ganz andere Risiken. Auch Überwachungssysteme wie ein Babyphone, sind nicht immer nur ein reines Sicherheitsinstrument. Auch sie können gehackt und übernommen werden. So gab es in den USA Fälle, bei denen Eltern in der Nacht eine Männerstimme aus den Zimmern ihrer Kinder hören konnten. Dabei wurde die Gegensprechfunktion in dem, am Internet angeschlossenen Babyphone genutzt und eine Männerstimme versuchten die Kleinkinder aufzuwecken. So wurde die 10 Monate alte Emma aus Cincinnati mit den *Worten „Wake up Baby, wake up"* von einem Wildfremden via Babyphone geweckt. Über die Video- und

---

[32] Wampfler P. https://schulesocialmedia.com, 2012

[33] Goodman M. Global Hack, 2015

Schwenkfunktion konnten zusätzlich noch die heraneilenden Eltern beobachtet und beschimpft werden.[34]

---

[34] Goodman M. Global Hack, 2015

08. Oktober

Eine wirklich große Umstellung ist auf jeden Fall mit meinem Papabatical verbunden - die Tatsache, dass „das Wochenende jetzt sieben Tage hat" (Übrigens der Titel des Buches, das meine Mutter zum Pensionsantritt geschenkt bekommen hat). Auf einmal besteht nicht mehr die klassische Trennung zwischen Arbeitswoche und Wochenende. Zu Beginn versucht man, sich dennoch daran zu klammern. Dies scheint zu gelingen. Die Familie ist ja zu dritt. Mami leistet uns auch Gesellschaft. Aber im Grund unterscheidet sich nichts wesentlich vom Rest der Woche.

Manchmal fügt es sich überhaupt andersherum. Aktivitäten, die sich arbeitsmäßig anfühlen, fallen in der Regel auf das Wochenende. Dies ergibt sich, da Sonja die Kleine übernehmen kann und ich mich manchmal der Mitarbeit in gemeinnützigen Organisationen widmen kann.

So hatten wir gestern Abend eine Cateringschulung von Flüchtlingen. Dabei waren auch Anna und Sonja. Und leider muss ich mir eingestehen, dass die Anwesenheit unserer Kleinen für die Aufmerksamkeit der Teilnehmer nicht förderlich war. Unsere Süße war einfach gut drauf und das steckt an. Alle Teilnehmer wurden angelächelt, es wird gejuchzt und geplappert. Manche der Flüchtlinge, insbesondere zwei junge Männer, sind auch voll darauf eingestiegen. Gleich wird sich ein Grinse-Wettbewerb geliefert. Einerseits hatte ich schon ein schlechtes Gewissen. Der lernerfolg wer definitiv beeinträchtigt. Auf der anderen Seite war ich aber auch mächtig stolz. Es gibt kaum etwas Schöneres für Väter, als zu merken, dass die eigene Tochter alle verzaubert. Eltern sind doch nur Menschen und manchmal einfach gestrickt.

Ich hoffe dieses Verhalten legt sich wieder - allein mir fehlt der Glaube.

Heute Vormittag hatten wir dann das Wochenend-Eltern-Event schlechthin: ein Babysachen Second-Hand-Markt. Wobei „Markt" wirklich zutrifft. Nicht nur ein bis zwei Kleiderberge, nein, der Park und alle umliegenden Wege waren mit Marktständen übersät. An geschätzten 100 Tischen und Buden versuchten Mütter, aber auch einige Väter, ihre gebrauchte Baby- und Kinderkleidung oder Spielsachen an den Mann, oder viel mehr, an das Baby zu bringen. Sogar Schnuller waren im Angebot. Ob diese auch gebraucht waren, konnte ich nicht mit Sicherheit feststellen. Den großen Basar in Istanbul hatte ich ähnlich chaotisch in Erinnerung. Einziger Unterschied war, dass ich mich damals nicht mit Kinderwagen durch die Massen bewegen musste. Dies war zugeben ein schwerer Fehler. Frauen im Kaufrausch, mit einem Blick wie beim Schlussverkauf, kämpften ihren Weg durch die Menge. Manchmal half es nur, die Stoßdämpferfunktion des Kinderwagens auszutesten. Nun weiß ich, was wahre Eltern am Wochenende treiben!

In der Mitte des Markes habe ich dann am Kaffeestand W.O. gegeben. Glücklicherweise haben wir dort eine befreundete Familie mit gleichem Schicksal getroffen. Die weitere Strategie war einfach: Männer und Kinder bewachen den Kaffeestand, die Frauen werfen sich wieder mutig in das Getümmel. Strategisch gesehen, der einzig gangbare Weg.

Zwischendurch brachte mich noch der Kommentar einer vorbeieilenden Frau zum Grübeln. Diese meinte auf die Frage ihres Begleiters, ob sie auch die Telefonnummer hätte:

„Ja klar, die hab ich in meinem BH einstecken!"

Zu was man einen Büstenhalter alles nutzen kann. Gut, sie hatte keine Handtasche dabei, aber gab es keine anderen Alternativen?

Nach einer Stunde haben sich dann endlich die Reihen gelichtet und wir konnten dem Mark wieder entkommen. Durchaus mit einem sehenswerten Erfolg: Zwei neue Bärchen-Overalls (es gibt nicht Süßeres), zwei Fußsäcke für den Kinderwagen (bald soll unsere Kleine doch in die Sitzposition wechseln) und diverse Pullis und Bodys. Preislich OK, auch wenn ich den Stressfaktor beim Online-Shopping vorziehe.

Morgen steht dann noch die Mitarbeit bei einem Charity-Event an. Wieder mit Unterstützung meiner Mädels. Erst danach startet mein Wochenende. Aber schön, wenn man am Sonntagabend immer noch 7 Tage Wochenende vor sich hat. Dennoch, nach manch einem Intensivwochenende, vermisst man doch fast die normale „Arbeitswoche". Diese war manchmal doch recht erholsam…

12. Oktober

Die letzten Tage waren recht unausgeglichen. Der Spätsommer hat sich ohne merklichen Übergang in tristes Novemberwetter verwandelt - und dies Anfang Oktober. Von fast 30 Grad runter auf knapp über Null – in den Bergen auch schon mal Schnee. Ich hätte vielleicht doch meine Papakarenz auf die Sommermonate verlegen sollen. Leider ging das nicht so einfach.

Auch auf unsere Kleine wirkt das Wetter nicht unbedingt motivierend. Regnerisch, nebelig und kalt – da ist jedem zum Heulen zu Mute. Und in ihrem Alter darf man das auch rauslassen. Man versucht, die normale Hausarbeit in den Griff zu bekommen und nebenbei unsere Süße von den dauernden Raunzkonzert abzuhalten, daneben komme ich zu – gefühlt - nichts. Dies schlägt einem leider auch auf die Stimmung. Irgendwie ist man darauf getrimmt eine Liste abzuarbeiten. Wenn nichts weitergeht, zumindest wie geplant, beflügelt dies nur die innere Unruhe und Anspannung. In einer kurzen, regenfreien Phase haben wir es zumindest kurz an die frische Luft geschafft – besser als nichts.

Daher versuche ich es heute einfach einmal mit einem neuen Ansatz: einfach mal entspannen. Wir sind erst um halb neun aufgestanden. Um genau zu sein, bin nur ich aufgestanden und hab der Kleinen Frühstück ans Bett gebracht. Sie hat bis dahin brav durchgeschlafen. Das Wetter wirkt auf jedes Alter einschläfernd.

Dann gemütlich aufstehen, Boxenstopp und Morgentoilette (diesmal ist es sich sogar für uns beide ausgegangen). Danach durfte ich sogar auch noch frühstücken. Im Anschluss haben wir es uns auf der Couch gemütlich gemacht. Ihre Riesenkrabbeldecke ausgebreitet, haben wir uns einen entspannten Vormittag gegönnt. Klaviermusik im Hintergrund – wirkt überraschend beruhigend auf uns beide – und ein Buch meines Lieblingsautors Andreas Eschbach, das eben neu erschienen ist.

Werke von Eschbach haben mich sprachlich wie auch inhaltlich immer sehr angesprochen und wie es scheint, empfindet meine Tochter ähnlich. Auch wenn der Inhalt wohl noch nicht so im Vordergrund steht. Das laute Vorlesen wirkt ausgesprochen beruhigend auf sie und meine schauspielerischen Versuche, die Dialoge mit ein wenig Leben zu befüllen, werden höflich goutiert. Neben mir ist genug abgesicherter Platz zum Krabbeln, was im Übrigen wirklich schon gut kappt. Ein paar flotte Drehungen nach links und rechts, während sie mir lächelnd zuhört. Hin und wieder gibt sie ein paar plappernde und brabbelnde Geräusche, um auch ihren Beitrag zu leisten. Man muss ja alles kommentieren und darf es nicht einfach so hinnehmen. Dann drehen wir uns noch mal im Kreis. Sehr beeindruckend.

Nach über einer Stunde gemeinsamen Liegen, Lesen, Krabbeln und Kuscheln ist sie jetzt eingeschlafen. Ich frage mich, ob ich ein schlechtes Gewissen haben muss. Während alle anderen an solchen Hundstagen arbeiten und sich durch den Regen quälen, habe ich hier den Himmel auf Erden. Man muss es einfach lieben. Einen Tag nichts zu tun, zumindest nicht mehr als das Notwendigste. Und dieser Morgen wird mir sicherlich lange in Erinnerung bleiben.

Jetzt genieße ich noch die letzten ruhigen Minuten bis der Mittagskampf wieder losgeht (Anna vs. Brei auf mindestens 12 Runden). Die letzten Tage hat dies leider nie so wirklich Begeisterungsstürme ausgelöst – ich hoffe, dass sich dies heute wieder ändert. Sonst versuche ich es mal mit Vorlesen während des Essens, vielleicht entspannt das.

13. Oktober

„Man muss ehrlich sein. Kleine Kinder schlafen wirklich viel – ver-
dammt viel. Nur halt leider nie, wenn sie sollen!"

An diese Worte von einem Freund erinnere ich mich gut. Ja, mit
dem Thema Schlafverhalten kann man ganze Bände füllen. Und
ja, Kinder, insbesondere kleine Kinder, schlafen wirklich viel.
Dies ist wichtig für die Gehirnentwicklung, Wachstum und was
weiß ich noch alles. Aber in Wirklichkeit gibt es nur einen einzigen Grund, warum sich evolutionär dieses Verhalten herausent-
wickelt hat: *Das Überleben der Eltern!*

Wenn wir ehrlich sind, hätte wohl ein Großteil der Eltern Selbst-
mordgedanken, wenn das Schlafverhalten unserer Kleinen unserem Eigenen ähnlen würde. Man stelle sich vor, ein Baby das 18
Stunden am Tag wach ist. - das dabei quengelt, raunzt und
schreit. Es will andauernd unterhalten werden und wünscht sich
100 % deiner Aufmerksamkeit. Man muss diesen Gedanken einen Moment sacken lassen. Ja, es geht um unser Überleben!

Und wir lieben es unsere schlafenden Engel zu beobachten: in
einer Traumwelt versunken, vollkommene Zufriedenheit aus-
strahlend, mit einem Lächeln auf den Lippen schlummernd.
Doch bis es so weit ist, ist ein harter, steiniger Weg zurückzule-
gen. Warum Kleinkinder sich mit dem Einschlafen so überhaupt
nicht anfreunden können, ist mir nach wie vor unerklärlich. Sie
reiben sich die Augen, gähnen, beginnen sich zu entspannen und
just, wenn man denkt sie habe es endlich geschafft, kommt der
laute Schrei. Ein Schrei der einem durch Mark und Bein fährt.
Und alles beginnt von vorne. Sisyphos lässt grüßen.

Irgendwann (im Bereich von Minuten, meist aber eher gegen Stunden) erreichen wir dann doch das Schlafstadium. Hier hatte ich vor Kurzem einen Erkenntnisgewinn. Schlafverhalten unterscheidet sich nicht unbedingt nach dem Alter oder auch nach der Spezies, aber viel mehr nach dem Geschlecht. So haben meine Katze und meine Tochter doch weit mehr gemeinsam, als ich bisher dachte. Beide neigen dazu, mit halboffenen Augen zu schlafen – und das ist ganz schön gruselig.

Unsere kleine Anna hält manchmal das linke Auge nur einen Spalt offen, aber dies ist ausreichend, um einem einen leichten Schauder über den Rücken laufenzulassen. Die Katze verhält sich ähnlich und erreicht das gleiche Ergebnis bei unbedarften Beobachtern. Nun habe ich von einem Bekannten erfahren, dass dieses Verhalten nicht auf Babys und Katzen beschränkt ist. Seine liebe Frau lässt auch im Schlaf lieber nichts aus den Augen. Somit ist es wohl tatsächlich ein Verhaltensmuster, welches mit einem einfachen Y-Chromosom zu behandeln wäre.

Von einem derartigen Verhalten habe ich bei Männern noch nie gehört (zumindest im nüchternen Zustand). Auch unser lieber Kater, der ansonsten nicht unbedingt das konventionellste Wesen ist, zeigt im schlafenden Zustand keinerlei Interesse an seiner Umwelt. Aber wie man schläft, ist im Grunde egal. Auf jeden Fall danke ich für jede schlafende Minute unserer Süßen, auch wenn sie dabei weiterhin alles im Blick behält.

INFOBOX – SCHLAFVERHALTEN

Der Schlaf ist ein kurzer Tod, der Tod ein langer Schlaf.

Quelle: Platon

Der erste wissenschaftliche Kontakt mit Schlafverhalten führt bei vielen Menschen über die musikalische Ebene – sprich

---

über die Band R.E.M. Beim Recherchieren der Bedeutung erfährt man, dass sich der Bandname von der sogenannte REM-Schlafphase ableitet. REM bedeute dabei *Rapid Eye Movements* und bezeichnet die Oberflächliche- oder auch Traumschlafphase. Diese ist gekennzeichnet durch schnelle Bewegungen der Pupillen. So kann, unter den Liedern, beobachte werden, wie sich die Augen schnell nach links, rechts, oben und unten bewegen. In dieser Traumphase besteht auch ein verringerter Tonus der Skelettmuskulatur, sprich eine Schlaflähmung. Diese soll vermutlich verhindern, dass die im Traum erlebten Bewegungen ausgeführt werden, was nicht nur für Kleinkinder durchaus gefährlich sein kann. Im Gegensatz dazu wechselt sich der Schlaf in mehreren Zyklen auch mit der Tiefschlafphase (Non-REM) ab, die insbesondere der körperlichen Regeneration dient.[35]

Die Schlaf-Wach-Phasen sind dabei einem 24 Stunden Rhythmus unterworfen. Wobei nicht jeder Körper gleichermaßen auf einen exakten 24 Stunden Tag ausgelegt ist. Der zirkadiane Rhythmus von Nachteulen und Morgenmuffeln ist länger als 24 Stunden. Sie finden nach Ende des Tages keine Ruhe, kommen aber in der Früh nicht aus dem Bett. Morgenmenschen und Frühaufsteher gehen im Gegensatz dazu von einem zirkadianen Rhythmus von weniger als 24 Stunden aus. Sie sind daher früher müde, wachen aber auch im Morgengrauen schon auf. Das jeweilige Verhalten ist von Mensch zu Mensch unterschiedlich und vererblich, vergleichbar mit anderen Eigenschaften wie Körpergröße und Augenfarbe.[36]

Der Schlafbedarf von Neugeborenen ist besonders hoch. So schlafen Babys in den ersten Lebenswochen zwischen 16 bis 17 Stunden am Tag. Wobei meist nie mehr als maximal 2 bis 4 Stunden am Stück geschlafen wird, mit überproportionalen

---

[35] https://de.wikipedia.org/wiki/R.E.M. bzw. https://de.wikipedia.org/wiki/REM-Schlaf

[36] Largo, R.: Babyjahre, 2010

REM-Schlafphasen. Daher ist es für Eltern meist nicht möglich, diesen kurzen und unvorhersehbaren Rhythmus, zu folgen. Was insbesondere in dieser Zeit ein massives Schlafdefizit verursacht. Danach verlängern sich die Maximalschlafphasen der Kinder und der Gesamtschlafbedarf geht sukzessive zurück. Zwischen dem 4ten und 6ten Monat können die meisten Kinder zwischen 8 bis 12 Stunden am Stück schlafen.[37] Der Gesamtschlafbedarf reduziert sich fast kontinuierlich über das gesamte Menschenleben bis ins hohe Alter. [38]

Auch wenn ein Durchschlafen der Kinder schon einmal erreicht ist, kann sich dies wieder ändern. So schläft ein Viertel aller Kinder Wochen und Monate nachts durch, beginnt aber zwischen dem 6ten und 12ten Monat nachts wieder aufzuwachen.[39]

Das Schlafverhalten von Kindern kann durchaus beeinflusst und geändert werden. Allerdings ist es nicht ausreichend ein Kind einmal früher ins Bett zu bringen, um ein früheres Aufstehen zu erreichen bzw. umgekehrt. Allerdings kann, bei kontinuierlichem Festhalten an dem geänderten Rhythmus von mindestens 7 Tagen, eine Änderung im Schlafverhalten (früheres oder späteres Einschlafen und Aufstehen) erreicht werden. Das Schlafverhalten und Einschlafen selbst kann mit Einschlafzeremoniellen erleichtert und verbessert werden.[40]

---

[37] http://www.babycenter.com (reviewed by BabyCenter Advisory Board)

[38] Goldapp N. in Die Welt: So viel Schlaf braucht ein Mensch wirklich, 2016

[39] Largo, R.: Babyjahre, 2010

[40] Largo, R.: Babyjahre, 2010

15. Oktober

Letztes Wochenende hatten wir die Möglichkeit einen Blick in unsere, nicht allzu ferne Zukunft zu werfen. Der Besuch von Freuden mit ihren zwei Zwergen stand an (15 Monate und 3,5 Jahre). Und der war spannend und lehrreich - nicht nur für unsere Kleine.

So bekommen wir einen Vorgeschmack auf die Herausforderungen, die vor uns liegen. Allein der Wechsel vom Robben zum Laufen bringt eine Fülle neuer Aufgaben für das Servicepersonal, sprich die Eltern. Ich nützte die Gelegenheit, das ganze Haus schon mal kindersicher zu machen – was immer das heißen mag:

- Steckdosenschutz: Auch hier kommt es auf das Modell an. Bei manchen Ausführungen bleiben nach einmaliger Nutzung die Steckdosenlöcher einfach offen. Der Mehrwert ist somit sehr fraglich.
- Kantenschutz: Diese aber im Moment nur an den besonders spitzen Ecken, wie die des Fernsehertisches
- Schranksicherung: Allerdings nur für den Küchenkasten, in dem sich Spül- und Reinigungsmittel befinden
- Treppenschutzgitter: Ist bestellt, allerdings nicht mehr rechtzeitig geliefert worden

Weitere Sicherungsmaßnahmen habe ich für Moment einmal außen vor gelassen - wird schon schiefgehen. Natürlich wurden ein paar offensichtliche Risiken (wie chemische Zünder für den Ofen) auch reduziert - sprich außer Reichweite von Kinderhänden gebracht. Alles Weitere wird jetzt beobachtet – es geht nichts über empirische Daten.

Neben der klassischen Gefahrenanalyse gibt es aber auch sonst viel zu beobachten: Setzen von Grenzen, gezieltes Wegschauen, Spielverhalten, Kommunikation, Simultanübersetzung – und eines ist sicher: Es wird viel, viel herausfordernder.

Das eigentliche Highlight des Wochenendes war aber ein ganz anderes Kind. Ich durfte bei unserem gemeinsamen Tiergartenbesuch einem Gespräch auf der Toilette lauschen. In der Kabine war ein anderer Vater wohl gerade dabei seine kleine Tochter zu versorgen. Die Kleine steckte sichtlich gerade in der Warum-Phase. Die unschuldigen Fragen der Tochter erfüllten netterweise den ganzen Raum. So konnten auch alle Anwesenden den Fragen folgen:

..

"Papi, warum stehst Du am Klo?"

…

"Papi, und warum hältst Du Deinen Penis?"

…

Die Antworten (wenn es welche gab) konnte ich leider nicht verstehen. Wäre aber sicherlich interessant und auch lehrreich gewesen.

20. Oktober

Nun ist er jetzt fast schon 2 Monate her. Der erste große Quantensprung, der Schritt zur Mobilität. Vielleicht ein kleiner Schritt für die Menschheit, aber gewaltiger Moment für uns: das erste Mal umdrehen.

Komplett selbständig und vor allem bewusst, hatte unsere Kleine die Seiten gewechselt. In Stellung gebracht fürs Krabbeln. Wir machten uns dafür bereit, dass die ruhigen Zeiten nun vorbei sind. Dank Lauftraining sollten wir zumindest in der ersten Phase noch hinterherkommen. Und wie Recht wir hatten…

Denn noch 2 Monate später schaffen wir die 100 nicht unter 10 – nein, nicht 100 Meter unter 10 Sekunden, sondern 100 Zentimeter unter 10 Minuten. Wobei, die warnenden Worte unseres Kinderarztes durchaus gerechtfertigt waren:

„Die Couchphasen sind vorbei! Ab jetzt wird nur noch auf dem Boden geturnt!"

Richtig, Bodenhaltung ist angesagt! Die Kleine auf der ungesicherten Couch allein herumturnen zu lassen, wäre jetzt unverantwortlich. Denn auch wenn wir sie ausgezogen haben und vermeintlich sicherer Abstand zum Abgrund besteht, mit zwei, drei grazilen Drehungen kann diese Entfernung schnell und problemlos überwunden werden. Und einen 40 cm Freiflug auf den Holzboden würde sie uns mit Recht wohl lange vorhalten.

Aus diesem Grund haben wir uns auch schnell eine Riesenkrabbeldecke zugelegt. Eine die die anderen Eltern vor Neid erblassen lässt. Ausreichend Platz, um sich auszutoben. Manchmal

wird sie dann auch noch auf der ausgezogenen Couch eingesetzt, allerdings mit Befestigungen und Sicherheitsbarrieren.
Diese würden es wohl manchen Rentner schwerer machen, sie
zu überwinden. Zudem wird dies nur eingesetzt, wenn wir auch
direkt bei ihr sind.

So heißt es jetzt anfeuern, motivieren und den Fortschritt beobachten. Und hier kann man doch einiges lernen. Die Intention
ist klar. Man(n) oder in diesem Fall Frau will vorankommen.
Dies ist nicht nur zu sehen, sondern auch schnell zu hören. Denn
nach kürzerer Zeit in der gleichen Bauchlage, ohne erkennbaren
Fortschritt, gehen die Beschwerdetiraden los. Lautes Quengeln
über Gott und die Welt setzt ein. In erster Linie wird die jeweilige
Unterlage beschimpft. Gut, die könnte sich auch ruhig ein weniger mehr anstrengen und unterstützen. Selbst gibt man sich ja
auch alle Mühe.

Manchmal dreht sie sich dann aber auch von selbst wieder auf
den Rücken und strahlt einen aus tiefsten Herzen an. Ein Anfeuern wie „supergemacht" führt zu einem lauten Glucksen. Dann
wird aber sofort wieder die Krabbelposition eingenommen.

Von Anfang an sah das Ganze ja auch recht gut aus. Die Arme
werden voll durchgestreckt und der Kopf in die Luft gereckt.
Auf den ersten Blick ähnelt dies sehr einem Seelöwen beim Im-
poniergehabe. Auch unsere Kleine wirft uns dabei einen nach
Begeisterungsstürmen hechelnden Blick zu, damit wir auch brav
zeigen, wie beeindruckt wir sind.

Dann setzten die Füße auf dem Boden auf und drücken sich nach
vorne. Eigentlich gibt es keinen physikalischen Grund, warum
das nicht klappen sollte. Und dennoch, das Bewegungsmomen-
tum wird nicht genutzt. Die Kleine bleibt einfach am gleichen
Fleck liegen.

Einzig ein Robben im Kreis war bisher das Ergebnis. Dabei schafft sie es, ihren eigentlich, nicht vorhanden Bauch, in Bierbauch-Dimensionen auszudehnen. Ein bayrischer Oktoberfestbesucher würde stolz auf ein solches Investment herabblicken. Der ausgefahrene Bauch wird dann als Rotationspunkt genutzt. Arme und Beine geben den Schwung und eine 360 Grad Drehung ist das Ergebnis. Auch wenn dies wohl so nicht beabsichtigt ist, man sieht zumindest die Gegend – na ja, zumindest die Nähere….

Nachdem der erste Versuch nicht klapp sich nach vorne zu bewegen, werden Alternativen getestet. Ein Ziehen nur mit Armen ist ebenso wenig von erfolgt gekrönt, wie ein alleiniges Schieben mit den Füßen. Oft weisen die Bewegungsmuster überaus hohe Ähnlichkeit mit einem Kletterer auf. Verzweifelt wird mit den Händen nach einem passenden Griff gesucht und die Füße tasten nach Trittstellen. Leider rutscht sie dabei regelmäßig ab, was glücklicherweise keinen Sturz in die Tiefe nach sich zieht. Man könnte aber durchaus denken, sie versucht, eine horizontale Wand zu erklimmen.

Nachdem weder das Ziehen mit den Händen noch das Schieben mit den Füßen, von Erfolg gekrönt ist, wird eine andere Variante versucht. Bei dieser bezweifle ich allerdings einen kurzfristigen Durchbruch. Es werden sowohl Ärmchen wie auch Beinchen in die Höhe gerissen, sodass sie alleinig auf ihren Bauch schwebt. Die Position erinnert stark an einen Fallschirmspringer. Vermutlich rechnet sie, jeden Moment abzuheben. Ihr Lächeln lässt zumindest solches vermuten und ich möchte ihr auf keinen Fall die Hoffnung nehmen. In wippender Lage strahlt sie mich manchmal Minuten lang an. Und man hofft in solchen Momenten, dass die physikalischen Gesetze an Wichtigkeit verlieren.

ABBILDUNG: FALLSCHIRMSPRINGERPOSE UNSERER KLEINEN

In den letzten Tagen geht es aber nun wirklich voran. Die ersten Zentimeter werden erfolgreich zurückgelegt. Ein Ziel, wie ihre Lieblingsrassel, die vor ihr liegt, wird in einer Kombination aus Krabbeln, seitlich Drehen und Rotieren in kürzester Zeit (wir sprechen schon noch von Minuten) erreicht. Zudem hebt sich ihr hinter schon mal kurz vom Boden.

Ihr Lieblingsspielkamerad war heute wieder zu Besuch. Und obwohl eigentlich 3 Tage jünger, ist er unserer Maus immer zirka 2 Wochen voraus (was auch seinem errechneten Geburtstermin entspricht – er hat sich halt nur ein wenig mehr Zeit gelassen). Zumindest ist es schon beeindruckend ihn zu beobachten. Erst begibt er sich in eine Sprintstartposition, wie Usain Bolt vor dem 100 Meter Final. In dieser Haltung wippt er für gut eine Minute vor und zurück, bis der Startschuss erfolgt. Dann geht es los.

Eine Bewegung, robbend nach vorne, ist interessanterweise die letzte, die Babys lernen. Erst drehen sie sich zur Seite. Danach wird im Kreis rotiert. Und zu allem Überfluss geht es im Anschluss erst einmal rückwärts dahin. Ja, auch ihr Spielkamerad David war ein Meister des Rückwärtsrobbens, ohne je einen Zentimeter nach vorne zu kommen. Erst wenn alle Disziplinen beherrscht werden, geht es immer der Nase nach. Das dann aber umso zielstrebiger.

Am Abend hatte sich der Kleine sogar irgendwie von Mamis Schoß auf den Tisch gehievt und fing an schnell in Richtung Weinglas zu robben. Als dieses entfernt wird, wird sofort das nächste Ziel (weiteres Weinglas) in Angriff genommen. Interessanterweise werden die Wassergläser links liegengelassen – da merkt man, wozu es führt, wenn unsere Kinder in einem Weinbaugebiet heranwachsen.

23. Oktober

Die richtigen Entscheidungen treffen – das sind die wahren Herausforderungen im Leben. Die ewige Frage, „Gehe ich durchs rechte oder durchs linke Tor?", besteht wohl schon so lange wie die Menschheit selbst – na ja, zumindest solange es Tore gibt.

Und diese ewige Frage macht auch vor Babys nicht halt. Hierzu durfte ich eine der bisher interessantesten Beobachtungen machen. Die Motorik unserer Kleinen hat schon ein gutes Level erreicht. Hält man ihr einen beliebigen Gegenstand (wie eine Rassel oder Stofftier) vor die Nase, schnellen beide Hände nach vorne und die Eigentumsverhältnisse werden umgehend geklärt. „So schnell gebe ich das nicht mehr her!" – Bis dann halt das nächste, noch bessere Spielzeug hingehalten wird. Hier gilt die goldene Regel: *Neu ist immer besser!* Mittlerweile wird das Spielzeug sogar schon locker-flockig mit einer Hand erobert, sodass die zweite Hand für weitere Untersuchungen zu Verfügung steht.

Das wirklich interessante Verhalten ergibt sich aber erst, wenn man ihr zwei Gegenstände vor die Nase hält. Dabei ist es im Grunde egal, um welche Art von Gegenständen es sich handelt - denn ein kommerzielles Spielzeug hat naturgemäß die gleiche Faszination wie eine gewöhnliche Küchenpapierrolle.

In einer solchen Situation ist das Handeln nicht mehr so einfach. Die Augen wandern von einem Gegenstand zum anderen, vergleichen, analysieren und beobachten. Man sieht geradezu, wie das Gehirn rattert. Der erste Impuls, „Zugreifen!", wird von der Frage überlagert „Wohin?". Man befindet sich in einem Teufelskreis: Wenn ich den einen Gegenstand nehme, kann ich nicht gleichzeitig den anderen Gegenstand in Händen halten – ein klassisches Problem des Kapitalismus.

Meist wird ein neues Spielzeug sofort einverleibt und intensiven, oralen Untersuchungen unterzogen. In einer Entweder-oder-Situation werden beide Gegenstände voller Inbrunst minutenlang betrachtet - voller Enthusiasmus und gurrender Begeisterung, allerdings ohne sich entscheiden zu können. Selbst wenn ich ihr ihre Lieblingsrassel neben irgendein Stoffspielzeug aus der B-Liga halte, kann sich unsere Kleine nicht entscheiden – bzw. konnte. Denn heute hat sie es vollbracht: Ihre aller erster dokumentierter Schiedsspruch.

Bei der Auswahl zwischen Ray, einem kleinen gelben Enterich, und Nett-nett, einer sympathischen Stoffkuh (den Namen hat sie übrigens von Anna höchstpersönlich), hat sie sich nach einer Bedenkzeit von gut einer Minute, wider Erwarten, für Ray entschieden. Bei der Wiederholung des Testes kam sie übrigens zum gleichen Ergebnis. Gut Ray, der junge Enterich mit eingebauter Klingel kann wohl überzeugen.

Somit ist der erste Schritt in einer Welt voller, mehr oder weniger, sinnvoller Entscheidungen getan. Ich hoffe, dass nicht alle so schwer sein werden wie die zwischen Ray und Nett-nett. Ich wünsche ihr aber von ganzen Herzen bei jeder Einzelnen viel Glück und Mut! Lebe frei nach dem Motto:

„Es gibt keine falschen Entscheidungen, es gibt nur die, die wir gemacht haben. Falsch ist es alleinig keine Entscheidung zu treffen!"

25. Oktober

Wie die Zeit vergeht und die Prioritäten sich wandeln! Umso mehr macht es Spaß, für einen kurzen Moment in seine eigene Jugend zurückzuspringen – oder es zumindest zu versuchen. So verbrachten wir gestern, nach über sechs Monaten, beziehungsweise einem gefühlten halben Leben, unseren ersten gemeinsamen Abend allein. Sonja und ich, ganz ohne Anna!

Viele haben das Bedürfnis, an ihrem Leben vor einem Kind in irgendeiner Form festzuhalten. Wir natürlich auch, aber bisher war der Drang, ohne Kind unterwegs zu sein, nicht sonderlich ausgeprägt. Gut, von Zeit zu Zeit haben wir einzeln mit Freunden etwas unternommen, sodass einer immer bei unserem Engel war. Nun, nach gut 200 Nächten zu dritt, die Erste wieder zu zweit. Jetzt stellt sich die Frage, ob wir das noch können?

Gut, die Schwiegereltern sind zu Besuch und nach einer Woche Bootcamp sollten sie eigentlich so weit sein. Wiederholt wird noch einmal der abendliche Drill exerziert und geprüft, damit die spätere Umsetzung auch problemlos funktioniert. Speziell das Schlafgehritual ist einer der kritischen Momente, der über Erfolg oder Misserfolg entscheidet.

Dann habe ich es endlich aus dem Haus geschafft – nicht ohne Zweifel, aber auch Freude. Auslöser des gemeinsamen Abends ist das Konzert meiner ehemaligen Lieblingsband: Ugly Kid Joe. Überrascht habe ich vor zwei Monaten festgestellt, dass diese noch, oder besser gesagt wieder existiert. Darüber hinaus tourt die Band gerade und schlägt in Wien auf. Die Gelegenheit muss man nutzen.

Sonja hat es wider Erwarten pünktlich aus dem Büro geschafft und die Veranstaltungshalle in einer Brauerei könnte einem Hollywood Film entstiegen sein. Nicht sonderlich groß, aber dafür, eine sehr markante Atmosphäre, in einer ehemaligen Hopfenlagerhalle – sehr avantgardistisch und archaisch zu gleich. Das Publikum ist, wie auch die Band selbst, durchaus gealtert. Wenn man als Teenager End-20ern zugejubelt, darf man über 20 Jahre später nicht überrascht sein, gemeinsam mit anderen Ende-30-jährigen einer 50-jährigen Band zuzugrölen. Die Versuche das Headbanges wirken manchmal etwas deplatziert. Dies mag aber wohl auch an den allgemein fehlenden Mähnen liegen. Aber davon lasse ich mich auch nicht abhalten.

Zwischen den Songs springt man dann aber wieder zurück in die Realität. *„Ja, die Kleine ist schon eingeschlafen"*, vernehme ich, *„ganz problemlos"*. Die Nachricht entspannt. Man ist aber auch ein wenig enttäuscht, dass andere das nun auch schon problemlos hinbekommen. Ein Blick auf eingespeicherte Fotos am Handy zaubert uns beiden sofort ein Lächeln auf die Lippen – da kann die beste Rockband nicht mithalten.

Bei dem Song *Cats In The Cradle* werde ich für einen Moment nachdenklich. Das Lied handelt von einem Vater, der die Zeit mit seinem Sohn verpasst. Immer ist die Arbeit wichtiger. Und als er endlich Zeit hat und in Pension ist, realisiert er, dass sein Sohn nun auch anderes zu tun hat und genauso wie er geworden ist *„…He'd grown up just like me. My boy was just like me."*. Gut, das darf und wird mir nicht passieren!

Nach dem Konzert geht es wieder nach Hause. Mir hat es wohl ein wenig besser gefallen als meiner Frau. *„Es war gut, nur etwas laut, zu laut!"*. Als ich meinem Bruder vom Konzert berichte und auch Sonja's Bewertung hinzufüge, meint er nur salopp:

„Ist Anna so leise, dass sie das nicht mehr gewöhnt ist?"

Tja, wir können uns wohl wirklich glücklich schätzen, dass es unsere Kleine (noch) nicht mit einer Hard Rock Band aufnimmt. Aber was noch nicht ist, kann ja mal werden. Vor allem wenn sie in der Pubertät beschließt, ihre eigene Band zu gründen und mangels Proberaum im Kinderzimmer übt. Aber so eine Schwachsinns Idee hat doch kein Teenager – na ja, mit Ausnahme von meinem Bruder (Schlagzeug) und mir (E-Gitarre) vielleicht…. Meine Eltern waren wohl damals nicht zu beneiden - und uns steht noch einiges bevor!

CHRISTLICHE TRADITIONEN UND ANDERE RITUALE

30. Oktober

Wieder Heimaturlaub – im Heiligen Land Tirol. Hier sind Sonja und ich aufgewachsen, und hier wird wohl immer unsere Heimat sein. Dabei ist es egal, wo wir uns auf der Weltkugel niedergelassen haben. Im Grunde ist es befremdlich, wie sehr man sich mit einem kleinen Stück Land identifiziert. Heimatliebe ist zudem bei mir erst aufgetreten, als ich zum ersten Mal auf einem anderen Kontinent gelebt habe. Und trotzdem, ich freue mich jedes Mal, wenn ich Richtung Heimat aufbreche. Surrealer Weise fühlt man eine seltsame Art von Verbundenheit mit diesem Land und den Leuten. Wird es Anna irgendwann auch einmal so mit Wien ergehen?

Diesmal ist die Hochzeit einer guten Freundin von Sonja der Auslöser. Dabei fallen mir immer die weisen Worte eines Freundes ein, mit denen er sich in einer Hochzeitszeitung verewigt hat:

„Hochzeiten sind was Schönes – solange es nicht die Eigene ist!"

Ja, solche Feiern sind schon eine nette Sache - aber richtig nett wir es, wenn kleine Kinder die Events mit Leben befüllen. Wer hält schon freudig eine Stunde in der Kirche durch? Da bieten Zwerge oft ein einzigartiges Entertainmentprogramm als Durchhalteunterstützung.

So war es auch schon bei der Taufe unserer Kleinen. Ja, nach langem Überlegen und Zweifeln hatten wir uns entschieden, sie vor einigen Monaten taufen zu lassen. Sonja und ich sind beide nicht gläubig. Ich bezeichne mich immer als Agnostiker mit atheistischen Tendenzen. Dennoch haben wir uns entschlossen das Mini-Waterboarding durchzuziehen. Der wesentliche Grund für

101

mich war, dass ich unserer Maus einen ideologischen Gegenpol mitgeben will. Da die Taufpatin, eine meiner besten Freundinnen seit Kindheitstagen, auch noch Religionslehrerin ist, besteht eine reale Chance. Vielleicht bekommt sie so doch zwei unterschiedliche Weltbilder mit und kann selbst entscheiden.

Auf jeden Fall war bei Annas Taufe die kleine 14-Monate alte Tochter einer Freundin das eigentliche Highlight. Krabbelnd kämpfte sie sich durch die Kapelle und war sich der Augen aller gewiss. Immer wieder versuchte die Mutter, die Kleine einzufangen, was aber nur kurzzeitig half. Bis der Pfarrer dann einfach die Kleine in die Predigt miteinschloss. So war die Stimmung gleich auf einem anderen Level und die Feier mit Leben erfüllt (wie auch die Worte des Pfarrers).

Insgesamt hatte ich auch den Eindruck, dass unsere Kleine die eigene Taufe wirklich genoss. Mit großen Augen starrte sie die Lichter, Bilder und Skulpturen an. Dazu kamen noch die Musik und der Gesang. Wie ein Engel lag sie in Sonjas Arm – mindestens bis zu dem Moment der eigentlichen Taufe. Da dachte sich der Pfarrer wohl, „Vom Weihwasser darf's ruhig ein bisserl mehr sein."

Bei der gestrigen Hochzeit war es ähnlich, nur der Kinderanteil war höher. Die sechs kleinen Blumenmädchen konnten es kaum abwarten ein wenig Chaos zu verbreiten - einfach goldig. Ein zweijähriger, junger Mann hat aber allen die Show gestohlen. Er dachte sich wohl, „Die Gunst der Stunde musst Du nutzen", packte sich ein junges Mädchen und zerrte sie unverhohlen Richtung Altar. Tja, wenn man schon mal da ist… Die Tatsache, dass es sich um seine Cousine handelte, wird in Tirol nicht so krumm gesehen – in engen, unzugänglichen Tälern muss man halt manchmal Kompromisse machen.

In der Zwischenzeit sind allerdings die Äuglein unserer Maus schon zugefallen. Man vergönnt ihr den Schlaf der Gerechten – wo sonst, wenn nicht hier? Und für einen ganz kurzen Moment umweht mich ein Hauch von Neid: Echter Glauben, muss für die die glauben, doch etwas Schönes sein.

Einziger Wermutstropfen ist, sowohl bei Taufen wie auch Hochzeiten, allein die Nachbereitung. Aber das Taufvideo ist nun, nach 4 Monaten, in der Abschlussphase – allein technische Probleme gilt es noch zu überwinden…

DRITTER MONAT

02. November

Ein wunderschönes Tirol Wochenende liegt hinter uns und der Herbst hat das Land erfasst. Den Blätterwald, der sich im Bergsee spiegelt, müssen wir leider hinter uns lassen. Wieder im Osten angekommen entsprich die düstere Nebelstimmung ein wenig der meinen. Leicht kränkelnd liege ich auf der Couch, neben mir schläft die süße Maus und ich muss mir dennoch eingestehen, wie gut es uns geht. Nach 3 Wochen Dauerbesuch von Freunden und diversen Familienmitgliedern bin ich wieder einmal froh mit der Kleinen allein zu sein. Nach Dauerbesuchen und -treffen ist man wohl naturgemäß erholungsreif.

Bei dieser Gelegenheit frage ich mich, wie man einen gesundheitlichen Ausfall wirklich umgeht. Meine leichte Grippe ist natürlich nicht wirklich ein Problem. Auch wenn mir das Aufstehen heute wirklich, wirklich schwergefallen ist – unsere Kleine ließ sich aber nicht davon überzeugen, doch noch eine Runde weiter zu schlafen. Aber fit genug sie schnell mal zu füttern, die Windeln zu wechseln, und auf eine neue Spielwiese zu pflanzen bin ich allemal. Außerdem könnte in einem wirklichen Notfall auch meine Frau übernehmen. Was machen aber Alleinerziehende?

Dies ist mir unbegreiflich. Wie schaffen es manche Menschen - in der Regel muss man leider Frauen sagen – ein oder mehr Kinder, ohne fremde Unterstützung, groß zu ziehen? Hier ist wohl die Devise,

„Mütter haben nicht krank zu sein!"

Neben einem Beruf, einen Zwerg allein groß zu ziehen, muss wohl die größtmögliche Herausforderung darstellen. Kochen, Waschen, Arztbesuche, Boxenstopps, Lernen etc. alleine sind schon ein full-time job, und daneben noch ein stressiger Job und keine sonstige Unterstützung. Wir haben Bekannte, die in einer solchen Situation sind und ich bin immer mehr als beeindruckt. Manchmal ist zwar ein Mann irgendwo vorhanden, aber ohne reale Relevanz. Anstelle von Unterstützung, müssen sich manche Frau zu allem Überfluss noch Gedanken machen, ob der leibliche Vater auch irgendwie über die Runden kommt – von Unterhalt gar nicht zu reden.

Eine Krankheit ist in so einer Konstellation wohl dann einfach nicht mehr drinnen. Und aus eigener Erfahrung weiß ich, dass man dies dem Körper sehr wohl untersagen kann. Ich hatte berufliche Phasen, in denen ich über Jahre nicht einen Tag krank war. Es wäre auch nicht die Zeit dafür da gewesen. Nicht, dass dies gut war, aber der eigenen Körper greift erst an, wenn man ihn lässt. Und oft will man gar nicht daran denken, dass etwas nicht passen könnte. Frei nach dem Motto:

„Es gibt keine gesunden Menschen, nur unzureichend untersuchte!"

So darf ich mich wohl heute an einem ruhigen Tag erfreuen und werde es tunlichst meiden, mir von einem Arzt einreden zu lassen, dass ich Bettruhe vertragen würde. Auch als Vater hat man manchmal nicht krank zu sein.

03. November

Lange habe ich es vor mir hergeschoben. Jetzt ist es so weit. Heute muss ich über das Thema schreiben, das Thema schlechthin. Es bestimmt den Großteil des Tagesablaufs und lässt mich am Ende des Tages fragen, wo der selbige geblieben ist. Nein, nicht das Wechseln der Windeln oder die Planung und Durchführung von Ausflügen. Auch die Wäsche oder die Bettvorbereitung sind nicht der wahre Zeitfresser – es geht um DAS ESSEN.

Die Zeiten, in denen man unsere Kleine einfach am Busen einklinken konnte, sind leider vorbei. Somit bestimmt nun die Breikosten oft den Tag von früh bis spät. Dabei lasse sich klare Phasen unterscheiden.

Die Vorbereitung

Auch wenn manche sagen mögen, „Brei schmeckt ja nach nichts". Wie bei jeder Speise kommt es auf die Zutaten an. So begebe ich mich seit kurzen an einen Ort, den ich früher gemieden habe, wie der Teufel das Weihwasser: den BIO-Markt.

Grundsätzlich ist mir die Bezeichnung BIO bis heute suspekt. Was sollen Karotten oder Kartoffeln den sonst sein außer BIOlogisch – aus Pappmaché? Gut, manchmal schmecken diese tatsächlich wie Kunststoff, aber eine Herstellung in einer Fabrik ist doch eher unwahrscheinlich und der 3D-Druck ist auch noch nicht so weit (wobei ich vor kurzen einmal gelesen habe, dass gerade an dem Schnitzel aus dem 3D-Drucker gearbeitet wird).

Irgendwann habe ich mich dann aber doch gefügt. Nach dem Motto, „Schad nichts, nutzt nichts." Zudem wurde ich gefügig gemacht - sprich die Einkaufsdestination wurde von Sonja bestimmt. Somit heißt es, „Ober sticht Unter".

Der Einkauf in solchen Märkten stellt mich aber immer wieder vor neue Herausforderungen. Zuerst treten nostalgische Gefühle auf, wenn man das Geschäft betritt. Die Form erinnert an einen modernen Supermarkt, aber der Unterschied findet sich im Detail. Alles läuft etwas langsamer und gemütlicher ab. Beim letzten Versuch, an der Wursttheke einzukaufen, kapitulierte meine Frau nach 10 Minuten. Eine andere Kundin vor ihr ließ sich die Lebensgeschichte jedes einzelnen Stücks Fleisch schildern. Ob sie sich dann zum Kauf entschließen konnte, haben wir dann doch nicht mehr abgewartet.

Auch das Sortiment erinnert mich an jenen Krämerladen, in dem ich als Kind mit meiner Oma oft eingekauft habe. Manchmal bin ich mir bei manchen Artikeln nicht sicher, ob diese nicht von damals vielleicht übriggeblieben sind. Allein die Preise holen einen in die Realität zurück. Für eine 0,2 Liter Flasche Bio-Apfelsaft zahlt man schnell mal 4,50 EUR. Den Früchten muss wohl eine besondere, liebenswerte Behandlung widerfahren sein.

So beschränke ich mich dann am Ende des Tages darauf, die klassischen Zutaten (insb. Karotten, Süßkartoffeln, Apfel oder Birnen) einzukaufen und schnell wieder zu flüchten. Überraschenderweise dauert die Abfertigung an der Kasse genauso lange wie bei einem Großeinkauf beim Diskonter.

Der Kochvorgang

Das Kochen selbst ist ein unspektakulärer Prozess. Bei der Breiküche brutzelt nur selten etwas und das Flambieren fällt leider aus. Im Grunde wird das jeweilige Gemüse oder Fleisch klein geschnitten und dann in den Dampfgarer gesteckt. Die Dunstzeit ist dann zwischen 5 Minuten (bei Birnen) und 20 Minuten (bei

Kartoffeln). Danach fügt man ein wenig Öl, vorzugsweise Rapsöl hinzu, welches als Geschmacksverstärker dient.

Bei unserem Dampfgarer ist der Behälter nur noch zu wenden, um den Häcksler zu aktivieren. Dank dieses integrierten Mixers ist der Brei in wenigen Sekunden fertig. Jetzt muss die Delikatesse nur noch abkühlen, bevor sie serviert werden kann.

Bei Fleisch kommen noch ein paar Milliliter Bio-Apfel oder -Orangensaft hinzu. Das Vitamin C in den Fruchtsäften dient dabei der besseren Resorption von Eisen.

Beim abendlichen Früchtebrei oder wenn der Brei zu flüssig ist, kommt noch Getreide hinzu. Hierbei kommen vor allem Grießbrei oder Reisflocken zur Anwendung. Wir haben aber auch Couscous, Bulgur, rote Linsen, Mandeln oder diverse Getreidemischungen zur Auswahl – das meiste aber ungeöffnet (da eine Packung zumindest bis zum Ablaufdatum reicht) – so gefräßig ist unsere Kleine bei dem Zeug doch wieder nicht.

Nur in wenigen Fällen kann ein ganzes Stück Gemüse an die Frau gebracht werden. So empfiehlt es sich, den Rest einzufrieren. Hierzu verwenden wir Eiswürfelbehälter mit einem zusätzlichen Deckel. Ein Würfel entspricht dabei in etwa 30 g (je nach Speise). Es gibt aber auch kleinere Behälter. Mittlerweile sind gut zwei Fächer in unserem Tiefkühler mit Breiwürfeln gefüllt. Dies erleichtert auch die Variation. Insbesondere ein Würfel Rind- oder Hühnerfleisch ist meist mehr als ausreichend. Beim Fleisch wird auf beste Qualität geachtet. Daher tut es von Herzen weh, wie exzellentes Beiried in den Mixer gekippt wird. Zumindest ist es, gut zu wissen, dass nichts verkommt.

Das Kredenzen

Das wahrlich zeitintensivste ist aber nicht der Einkauf oder die Zubereitung, es ist der Serviervorgang bzw. die Raubtierfütterung. Unsere Kleine wird dabei in einer Wippe oder zuletzt immer öfter im Hochstuhl positioniert. Ein Lätzchen ist dabei schwer zu empfehlen. Idealerweise gibt es aber auch erweiterte Version, bei denen sie mit beiden Ärmchen reinschlupfen muss. Zusätzlich ist unter dem Hochstuhl auch eine Plastikmatte ausgelegt, die sich auch schon bewährt hat.

Der Brei wird dann passend im Babyschälchen serviert. Dabei ist unbedingt darauf zu achten, dass dieser außerhalb der Griffweite steht. Unsere Süße kann sich überraschend gelenkig bewegen, auch wenn sie angegurtet ist. Zusätzlich steht auch immer ein Fläschchen mit Wasser bereit – ich hasse ja auch nichts mehr, als beim Essen nichts zu trinken parat zu haben.

Der Erfolg der Fütterung hängt von mehreren Faktoren ab: Der richtige Zeitpunkt (sie muss hungrig, aber noch nicht zu hungrig sein), die Temperatur (diese zeigt netterweise auch der Plastiklöffel an) und vor allem der Speisenkombination. Hier geht das Spektrum von Süßkartoffeln mit Rind (der absolute Renner, bei dem ich selber immer traurig bin, dass nichts übrigbleibt) über Obstbrei (Apfel oder Birne kommen abends eigentlich immer gut an) bis hin zu roten Rüben. Insbesondere rote Rüben wurden von mir zum absolut ungeeignetsten, möglichen Brei gewählt. Nicht nur, dass der Geschmack schwer zu wünschen lässt, auch die Farbe tut ihr übriges. Ein Kleinkind kann sehr deutlich machen, wenn es mit dem Essen nicht zufrieden ist. Bei den roten Rüben hat dies nicht nur ihre Kleidung, sondern die gesamte Wohnung mitbekommen. Den nächsten Versuch überlasse ich gerne Sonja.

Aber selbst, wenn das Essen besser ankommt, ist es doch eine Herausforderung. Zuerst gilt es den initialen Löffel zu verabreichen. Im Idealfall stößt dies auf Begeisterung und der Mund wird aufgerissen, um den Nächsten entgegenzunehmen. Dabei gilt es den Rhythmus zu halten. Ist man zu langsam, bleibt der Mund auch gerne mal für immer geschlossen. Zu schnell soll es aber auch nicht sein, da sind wir auch sehr genau.

Wenn aber die Begeisterung nachlässt, gilt es die Entertainment-Fähigkeiten einzusetzen. Es wird vorgesungen, gegackert und mit dem Löffel werden Kunstflüge vollbracht. Besonders gut funktioniert das Aufsagen des Alphabets (für jeden langgezogenen Buchstaben einen Löffel) oder das übliche „einen für Mama, einen für Papa..."-Spiel. Oft frage ich mich, ob unsere Kleine sehr enttäuscht von ihrem ersten Restaurantbesuch sein wird. Ich glaube nicht, dass ihr der Kellner dort etwas vortanzt oder singt.

Für mich ist besonders interessant, dass unsere Kleine wirklich alles, alles was sich in ihrer Nähe befindet, in den Mund nimmt. Egal wie ungeeignet das Objekt auch ist. Nur bei einem gefüllten Löffel macht sie eine Ausnahme. Dreht man sich aber kurz weg, ist schon das Band vom Sitzgurt wieder zwischen den Lippen verschwunden – was hat der, was mein Brei nicht hat?

Manche Situationen können auch auf fatalen Fehleinschätzungen beruhen. So zum Beispiel, wenn der Mund überraschend weit aufgerissen wird. Man denkt sich, „Die Chance muss ich jetzt nutzen", und schieb schnell den vollgepackten Löffeln hinein. Doch dann kommt die Erkenntnis. Es war kein Zeichen von Hunger, sondern der Vorbote eines Niesers. So wird dann der ganze Inhalt quer durchs Zimmer und auch meist im eigenen Gesicht verteilt. Tja, selber schuld, aber zumindest muss die Kleine danach auch lachen.

Die Nachbereitung

Leider ist das Füttern zumeist kein schneller Prozess. Oft zieht es sich bis zu einer Stunde hin. Eine Herausforderung für das Entertainmentprogramm. Voller Neid blickt man auf Anna's männlichen, Spielkameraden. Ihr Freund David oder ihr Cousin Lukas futtern einen ganzen Teller innerhalb von wenigen Minuten – bei uns können es manchmal durchaus Stunden dauern. Dabei wird das Essen, vor allem wenn es komplett verschmäht wird, im Halbstundentakt wieder vorgesetzt. Ob es was hilft, wird sich zeigen…

Nach der Fütterung folgt noch der Großputz. Erst der Tisch, dann der Stuhl und das Kind. Die Küche natürlich auch. Die Überreste werden noch eingefroren bzw. umgefüllt. Plastiksäckchen werden befüllt und mit Datum und Inhalt beschriftet.

Die Durchlaufzeit pro Mahlzeit bewegt sich zwischen 45 Minuten und 3 Stunden. Das ganze 2-mal am Tag (Mittags und abends). Sonja hat unlängst vorgeschlagen, eine weitere Flaschenmahlzeit durch Brei zu ersetzen – na ja, von mir aus kann das noch ein wenig warten.

INFOBOX: BABYNAHRUNG

Die Germanen ernähren sich auch weniger von Getreide, als überwiegend von Milch und Fleisch und sind viel auf der Jagd.

Quelle: Gaius Julius Caesar

Die wissenschaftliche Meinung zur idealen Babyernährung ändert sich in regelmäßigen Zyklen. Was man darf und nicht darf, und vor allem in welcher Reihenfolge, ist heute anders als noch vor einigen Jahren. Somit kann dies nur einen Status quo darstellen.

Im ersten Lebensjahr stellt Milch, ein Hauptnahrungsmittel dar. Dabei sollte aber nur Muttermilch oder spezielle Säuglingsnahrung verabreicht werden. Normale Kuh-, Ziegen-

---

oder Schafmilch kann noch nicht vom Babykörper verarbeitet werden. Weitere Milchprodukte wie Joghurt, Frischkäse oder Käse können angeboten werden, sobald das Kind Obst und Gemüse akzeptiert.[41]

Zwischen dem 4 bis 6 Monat kann damit begonnen Brei zuzufüttern. Die Darmflora ist dann ausreichend ausgereift. Als erste Mahlzeit ist es, in Europa üblich mit Karottenbrei zu starten. Im angloamerikanischen Raum sind hingegen Süßkartoffeln äußerst beliebt. Im Asien wird meist mit Reisbrei gestartet.[42]

Der frühe Wechsel weg vom Stillen ist aber nicht unbedingt natürlich bedingt. So war auch die landwirtschaftliche Revolution, und der Wechsel der Menschheit vom Jäger und Sammler zum Bauern, für die Ernährung der Kinder nicht unbedingt förderlich. Früher waren die Frauen gezwungen ihre Kinder lange zu stillen. In der Landwirtschaft war dies allerdings nicht mehr möglich und Kinder begannen schon früh damit, sich hauptsächlich von Getreidebreien zu ernähren. Dies und eine Reihe anderer Umstände ließ die Kindersterblichkeit rapide ansteigen.[43]

Bedarf nach Entwicklungsphasen:

Grundsätzlich wird die Anzahl der täglichen Breimahlzeiten sukzessive erhöht, bis ab dem 10 Monat auf normale Familienkosten (in meist zerstampfter Form) gewechselt wird. Im selben Alter werden auch die ersten selbständigen Essversuche gestartet. Je nach Phase werden für die Entwicklung unterschiedliche Nährstoffe benötigt:[44]

- Wachstum: Proteine, Eisen, Riboflavin, Vitamin C und Vitamin E

[41] Karmel, A.: Kochen für Babys und Kleinkinder; 2016

[42] Iburg, A.: Die besten Breie für Ihr Baby; 2014

[43] Harari, Y.: Eine kurze Geschichte der Menschheit; 2011

[44] Wilcock, F.: Babynahrung selbst gemacht; 2015

- Energiespender: Kohlenhydrate, Fett, B-Vitamine

- Augen, Gehirn und Nervensystem Entwicklung: Oemga-3-Fettäuren, Vitamin A, Vitamin B12 und Folsäure

- Stärkung der Knochen und Zähne: Calcium, Vitamin D und Vitamin A

- Förderung des Immunsystems und Wundheilung: Zink, Vitamin C, Vitamin A und Vitamin E

Nahrungsmittel:

Die einzelnen Kostproben können dann flexibel für den perfekten Brei kombiniert werden. Dabei kann auf die unterschiedlichen Nährstoffe geachtet werden:[45]

- Karotten: Wunderbarer Vitamin A Lieferant und ist dank dem süßlichen Geschmack ein guter Einstieg für Babys

- Pastinaken: Milder Geschmack eignet sich auch gut zum Einstieg

- Brokkoli: Vitamin A und C sowie Eisen Lieferant

- Kartoffel: Ideal in Kombination mit anderem Gemüse, um Brei zu verdicken

- Kürbis: Vitamin A und süßlicher Geschmack

- Zucchini: Kalium, Magnesium und Eisen

- Fenchel: Vitamine und Mineralstoffe

- Spinat: Vitamin A, C und K sowie Eisen

- Kohlrabi: Vitamin C, A und Folsäure

- Blumenkohl: Vitamin C und das B-Vitamin Folsäure

- Süßkartoffeln: Enthalten viel Vitamin A und lassen sich leichter pürieren als normale Kartoffel

- Erbsen: Vitamin C allerdings schwierig vollkommen glatt zu pürieren

---

[45] Wilcock, F.: Babynahrung selbst gemacht; 2015

- Mais: Wichtiger Lieferant von Mineral- und Ballaststoffen, allerdings als Püree oft auch faserreich

- Avocado: Gesunde Fettsäuren und Vitamin E, kann einfach zerdrückt und roh als Babykost angeboten werden.

- Tomaten: Pflanzenstoff Lycopin der die Haut schützt

- Rote Rüben: Vitamin B, Kalium, Eisen und Folsäure

- Steckrüben: Kalium, Magnesium, Vitamin B1, B2, C und Pro-vitamin A

- Öl: Liefert Energie und Omega-3-Fettsäuren

- Obstsaft: Als Vitamin-C-Quelle, verbessert die Eisenaufnahme aus Fleisch

- Fleisch: Wichtige Eisen- und Zinkquelle in der Säuglingsnahrung; geeignet sind Rind, Lamm, Schwein, Pute, Hähnchen aber auch Fisch, wie z.B. Lachs

Don't:

Nicht alle Lebensmittel sind aber von Beginn an verträglich. So sind folgenden Nahrungsmittel erst nach dem 12 Monat ratsam[46]:

- weichgekochtes Ei

- Salz in kleinen Mengen (davor gar nicht)

- Zucker in kleinen Mengen (davor gar nicht)

- Kuhmilch

- Honig

- Weichkäse / Schimmelkäse

- Ganze oder gehackte Nüsse sollten erst mit 5 Jahren angeboten werden.

---

[46] Karmel, A.: Kochen für Babys und Kleinkinder; 2016

Insbesondere bei Honig ist besondere Vorsicht an den Tag zu legen. Bienenhonig schmeckt zuckersüß und ist vergleichsweise gesund. Somit würde er sich auf den ersten Blick zum süßen von Tee oder zum Bestreichen von Brustwarzen bei Saughemmung anbieten. Allerdings kann Honig bei Säuglingen unter Umständen schwere Vergiftungen auslösen. Gelegentlich tritt das Bakterium Clostridium botulinum als Verunreinigung im Honig auf. Dieses nutzt die noch nicht vollentwickelte Darmflora des Babys in den ersten zwölf Monaten. Es kommt zum Aufkeimen der Sporen, beziehungsweise zur Vermehrung des Bakteriums und zur Produktion von Toxinen. Diese treten über die Darmschleimhaut in den Blutkreislauf des Säuglings ein und führen zu Lähmungen der Muskeln. Dabei kann es neben einen Darmstillstand auch zu Lähmungen der Schluck- Augen, Arm- und Beinmuskeln, zur Schwächung der Atemmuskulatur und sogar zum Tod des Kindes kommen. Bei einigen Fällen in den USA geht man davon aus, dass der Säuglingsbotulismus auch durch Ahornsirup verursacht wurde.[47]

So sollte man sich das Chuck Norris nachgesagte Zitat in Erinnerung rufen:

Echte Männer essen keinen Honig - sie kauen Bienen.

---

[47] Schersch, S. : Säuglingsbotulismus: Honig bringt Babys in Gefahr; in Pharmazeutische Zeitung Online 2009

07. November

Nach den Erfahrungen der letzten Babymassage haben wir beide eine kurze Pause im Babytainmentkalender eingelegt. Heute stand dann wieder etwas auf dem Programm. Und diesmal bin ich doch mit etwas mehr positiver Vorfreude zu dem Treffen gegangen. Der Titel heute: „Die Musikgruppe".

Das Prozedere ist immer das gleiche. Man trifft sich in einem leeren Raum in dem nur ein paar Polster herumliegen. Ich werde nie begreifen wie es jemand als angenehm empfinden kann im Schneidersitz am Boden zu sitzen. Auch andere Sitzhaltungen führen bei mir nicht zu Frohlockungen. Aber gut, damit muss man leben.

Auch der Männeranteil ist exakt der gleiche wie beim letzten Mal. Ein junger Mann, mit ca. 3 Jahren, leistet mir Gesellschaft und interessanterweise haben wir beide ein wenig den Eindruck hier fehl am Platz zu sein. Auch seine Mutter scheint ihn verteidigen zu müssen. Ja, er sei übermütig - nur Singen ist ihm halt zu wenig. Und so ist sie munter dabei, die Polster, die er entwendet und zu einem großen Turm aufgeschichtet, an die anderen Mütter zurückzugeben.

Auch bei Anna werde ich das Gefühl nicht los, dass sie sich ein wenig für die Tatsache entschuldigt, dass sie nur mit ihrem Vater hier aufkreuzt. Spätestens beim Einsatz des Gesangs, mit gutem Grund. Ja, komisch – bei Musikgruppe dachte ich an Instrumente, trommeln, klatschen, vielleicht auch tanzen. Ich habe aber den Gedanken, dass in erster Linie gesungen werden könnte, erfolgreich verdrängt. Ich weiß nicht, warum mir das nicht in den Sinn gekommen ist, insbesondere nach den Erfahrungen der letzten Monate. Denn neben dem Sitzen am Boden, ist auch das Singen ein integraler Bestandteil bei diversen Babytreffen, von Geburtsvorbereitungskursen bis hin zum Babyschwimmen.

Ja, ich hasse Singen! Zum einen, weil ich es nicht kann. Zum anderen sind die Melodien, von den bevorzugten Kinderliedern bei solchen Events, nicht in meinen Top-10 Hits zu finden. Mindestens einmal wird die Melodie von Bruder Jakob in irgendeiner Form verarbeitet – und dies ist meist noch das musikalische Highlight. Erschwerend, neben meiner Unfähigkeit zu singen, ist die Problematik, dass man als einziger Mann schwer im Hintergrund bleiben kann. Entweder man hört, dass ich nicht mitsinge und nur die Lippen bewege (mit diesem Verhalten habe ich den Musikunterricht in der Schule überstanden) oder jeder falsche Ton kann ganz klar mir zugeordnet werden.

Zwischendurch dann doch eine bekannte Melodie: Somit nützte ich die Gelegenheit, mich mal einzubringen. „Ist das nicht der Pizza-Hut-Song, den DJ Ötzi mal gecovert hatte?". Schweigen – nein, von dem Song hatte noch nie irgendjemand was gehört. Alle Mütter starren mich verständnislos an – Mhmm, dumm gelaufen. Wie komme ich auch auf die Idee, dass irgendjemand anderes auf der Welt auch einmal auf einer Apre-Ski-Party war?

Nach einigen Gesangsrunden, bei denen wir munter im Kreis liefen, kommt dann doch endlich der Instrumentalteil. Eine Schüssel mit verschiedenen Rasseln, Sticks und Schellen wird herumgereicht. Endlich kann man den Rhythmus hochleben lassen. Ich reiche meiner Süßen eine Rassel und merkte spätestens jetzt, dass alle anderen Kinder im Alter von 2,5 bis 4 Jahren sind. Das natürliche Verhalten im Umgang mit einem Musikinstrument für ein 7 Monate altes Baby ist eigentlich vorhersehbar. Nein, es erfolgt kein Rhythmisches schütteln – dafür wird jede einzelne Stelle mit dem Mund genau untersucht und angesabbert. Nach einer Minute ergießt sich dann auch noch ein Schwall Milchschleim über die Rassel. Tja, Füttern vor dem Musizieren ist so eine Sache.

Insgesamt ist meine Kleine aber recht begeistert von dem Trubel. Ältere Kinder zu beobachten ist immer das Größte. Wie sie sich bewegen, tanzen und springen ist für mich süß, für sie wohl das Beeindruckteste auf der Welt. Nach der Veranstaltung war sie dann auch gleich im Land der Träume. Musizieren ist harte Arbeit.

11. November

Die Wiege der westlichen Zivilisation, der Ursprung von Kultur, Sport, Politik - ja auch der so hochgepriesenen Demokratie - das alles und noch viel mehr. Ja, wir wollen nach Griechenland. Und für unsere Kleine heißt das, zum allersten Mal fliegen.

Ich muss gestehen, so nervös war ich bei einem Flug noch nie. Wie läuft das überhaupt ab, Fliegen mit einem Baby? Man hört viele Horrorgeschichten und erinnert sich auch unwirklich an manchen Langstreckenflug, bei dem man im Trancezustand die Geräuschkulisse eines Kleinkinds einige Reihen weiter erfolgreich ausgeblendet hat. Damals dachte ich immer: Gott sei Dank nicht meines – und jetzt? Werden wir die sein, die die wütenden, oder viel schlimmer, mitleidigen Blicke auf uns ziehen?

Flugbuchung:

Allein die Vorbereitung war schon eine Herausforderung. Einen Flug zu buchen ist ohnehin nie einfach. Muss man hier etwas Spezielles beachten? Bei der Buchung selber gab es keine Babyoption – wird schon passen. Doch bei nachträglicher Prüfung durch meine Frau, stellt sich heraus, dass auch Kleinkinder bis 2 Jahre mittlerweile ein eigenes Ticket brauchen und dies 10 % des Ticketpreises ausmacht. So wird nachbestellt.

Equipment

Nun die große Frage: Was brauchen wir und was dürfen wir mit an Bord nehmen? Unseren normalen Kinderwagen für den Flug einzupacken ist wohl nicht so einfach. Daher haben wir uns nach langen Recherchen über passende Modelle auf einen Reisebuggy geeinigt. Allein die Auswahl ist erschreckend, wobei fast nichts unseren Vorstellungen entspricht (länglich klappbar, Liegefunktion, großes Sonnendach und keine Doppelreifen). Gut, das mit den Doppelreifen haben wir nur vorne hinbekommen, aber der Kinderwagen ist trotzdem ok. Dumm nur, dass meine Mutter auf die Idee gekommen ist den Reisebuggy schon mal Probe zu fahren – und das Offroad! Dafür ist er nicht gedacht und hat jetzt vor der ersten Reise schon einen Achter und quietscht. Gut, dass es in Athen ohnehin laut ist, da werden unsere quietschenden Reifen nicht weiter auffallen.

Die zweite Herausforderung ist die Verpflegung. Man darf ja keine Flüssigkeiten mit an Bord nehmen. Dann das Aufatmen: Für Babys darf man es doch. Die Aussage der Fluglinienangestellten war hier ganz klar: „Babys dürfen einfach alles mitnehmen!" Und was, wenn mein Kind einen Terroranschlag mit einer automatischen Waffe und Schnuller im Mund plant? Gut, die Frage habe ich mir dann doch verkniffen…

Sicherheitscheck

Endlich bewegen wir uns dann Richtung Sicherheitskontrolle. Hier gleich die erste positive Überraschung. Wir werden in der Priority-Schlange eingereiht, gemeinsam mit Piloten und First-Class, so wie sich das gehört! Wie wir erfahren haben, gilt auch die Flüssigkeitsbeschränkung nicht für Babys. Babynahrung fällt nicht unter die sonst übliche Flüssigkeitsbeschränkung. Allerdings muss ich eine Flasche Apfelsaft abgeben, die ich vergessen habe aus dem Rucksack zu nehmen. Sonja meine dazu nachher: „Warum hast Du nicht einfach gesagt, die ist für Anna? Jetzt können wir ja wieder alles mitnehmen!". Recht hat sie – hab einfach zu langsam reagiert - aber beim nächsten Mal nehme ich alles mit!

Der Flug

Das Problem beim Fliegen sind die Starts und die Landungen. Hier ist der Druckunterschied am höchsten und Babys können den Druck in den Ohren noch nicht selbständig ausgleichen. Daher soll man ihnen möglichst etwas zu trinken geben und hoffen, dass Schlucken hier Abhilfe schaffen. Dumm nur, dass unser Flug fast 1 Stunde Verspätung hat. Somit bekommt unsere Süße erst um 11:00 Uhr ihren 10:00 Uhr Drink. Brav wie sie ist, hält sie aber durch und ist dann beim Start voll auf die Flasche konzentriert. Perfekt! Besser hätte es nicht laufen können.

Während des Fluges verdreht sie den Herren auf den Nebensitzen richtig den Kopf und lässt ihren ganzen Charme spielen. Das Flirten mit Männern muss ich ihr wohl wieder abgewöhnen...

Dabei stellt sich heraus, dass es nicht nur für unsere Kleine der Jungfernflug war. Ein 76-jähriger Mann hat, neben unserer 7-Monate alten Maus, heute seinen allersten Flug gut überstanden. Lieber spät als nie. Die mitreisenden Herren sind mindestens so stolz auf ihn, wie wir auf unsere Maus! Nun heißt es Kali Mera Athen!

INFOBOX – FLIEGEN MIT KLEINKINDERN

Wenn alles gegen dich zu laufen scheint, erinnere dich daran, dass das Flugzeug gegen den Wind abhebt, nicht mit ihm.

Quelle: Henry Ford

Laut den Regeln der meisten Fluggesellschaften dürfen Babys bereits ab einem Alter von zwei Wochen mitfliegen, bei manchen Fluglinien sogar schon ein paar Tage früher. Es ist aber auch empfehlenswert, zu warten, da das Immunsystem bis zum vierten / fünften Monaten noch nicht ausreichend gestärkt ist und das Kind leicht erkranken könnte. Man sollte auch länger warten, wenn das Baby oft von Bauchschmerzen geplagt wird und schlecht schläft.[48]

Insbesondere die Druckveränderung beim Fliegen kann für Babys und Kleinkinder schmerzhaft sein. Säuglinge können noch nicht eigenständig einen Druckausgleich durchführen. Daher sollte man sie unbedingt bei Starten und Landen trinken oder saugen lassen. Durch die Schluckbewegung gelingt ihnen der Druckausgleich im Ohr und sie haben keine Schmerzen. Bei größeren Kindern kann alternativ auch etwas zum Kauen weiterhelfen.[49]

Kleinkinder bis zum zweiten Geburtstag benötigen keinen eigenen Sitzplatz und können auf dem Schloss von Erwachsenen mitfliegen. Pro Erwachsenen darf maximal ein Kleinkind befördert werden. Dennoch fallen für den kleinen Fluggast schon Kosten an: Oft werden 10 Prozent des Flugpreises verlangt. Ab einem Alter von 2 Jahren wird für einen Sitzplatz dann der sogenannte Kindertarif fällig, der von Anbieter zu Anbieter unterschiedlich ausfällt. Teilweise muss mit bis zu 67 Prozent des regulären Flugpreises gerechnet werden.[50]

Für Langstreckenflüge werden von vielen Fluglinien spezielle Babybettchen angeboten. Diese sind für Babys unter 14 kg Körpergewicht und unter 83 cm Körpergröße geeignet. In der Regel befinden sich diese Babybetten immer in der ersten Reihe jedes Abschnitts. Die Babybettchen können bis zu 48 Stunden vor Abflug reserviert werden.[51]

Bei den meisten Airlines wird das Mindestalter für unbegleitete Kinder zwischen vier und sechs Jahren festgelegt. Manchmal können aber bereits erheblich jüngere Sprösslinge allein

---

[48] Oellinger, G.: Ab wann kann man mit einem Baby fliegen?, mamiweb, 2017

[49] Bürger, B.: Reisen mit Baby, netdoktor, 2015

[50] BabyCenter Deutschland: Tipps für Flugreisen mit der Familie, 2017, https://www.babycenter.de/a19171/tipps-f%C3%BCr-flugreisen-mit-der-familie

[51] http://www.lufthansa.com/de/de/Fliegen-mit-Baby, 2017

auf Reisen geschickt werden. So befördern beispielsweise Qantas, South African und Singapore Airlines bereits Zweijährige.[52]

---

[52] Haas, C.: Allein auf großer Reise, Focus-Online, 2017

14. November

Um 490 vor Christus fiel die persische Armee unter Dareios I. in Griechenland ein, um die ägäische Halbinsel zu unterwerfen. Am 12. September desselben Jahres kam es dann zu einer folgenreichen Schlacht, bei der sich 10.000 Athener Krieger erfolgreich gegen die Übermacht von 25.000 Persern zu Wehr setzen. Listenreich konnte der Kampf, mit großen Verlusten auf Seite des Angreifers, für die Griechen entschieden werden. Der Legende nach machte sich im Anschluss an die Schlacht ein Bote in voller Kriegsmontur mit der Siegesbotschaft auf den Weg nach Athen und fiel, nach überbrachter Siegesnachricht, tot zu Boden.

Aus einem unerfindlichen Grund fanden sich seit dieser Zeit immer wieder Menschen zusammen, die es als erstrebenswert betrachten, diesem Beispiel zu folgen. Denkende Individuen der Gattung Homo sapiens quälen sich freiwillig über eine Strecke von 42,195 km. Für mich ein absolut unbegreifliches und irrationales Verhalten - dummerweise bin ich auch einer dieser Idioten!

Seit meinem ersten Marathonlauf hatte ich diese Destination auf der Bucket Liste. Einmal der klassischen Route vom Marathon (dem Ort der damaligen Schlacht) nach Athen zu folgen erschien mir eine gute Idee – ja, sogar erstrebenswert. Aus diesem Grund sind ein guter Freund und ich nach Griechenland aufgebrochen. Und Sonja und Anna haben wir als persönlichen Fanclub gleich miteingepackt.

Kurz vor dem Abflug dann das erste Erwachen – manchmal wäre frühzeitige Informationseinholung durchaus anzuraten. Die folgenden Zeilen im Wikipedia-Eintrag hätten mir eine Warnung sein sollten:

...It is perhaps one of the most difficult major marathon races: the course is uphill from the 10 km mark to the 31 km mark – the toughest uphill climb of any major marathon....

Und die Beschreibung trifft es sehr gut. Nick, meinen Mitstreiter, verliere ich schon im Gedränge von 18.000 Läufern auf den ersten Kilometern aus den Augen. So heißt es allein durchhalten. Trotz der extremen Hitze für Anfang November (über 20 Grad im Schatten – aber Schatten gab es auf der Strecke ja ohnehin nicht) gehen die ersten 10 Kilometer recht schön dahin. Dann beginnt die Steigung. Erst gibt es noch Lichtblicke zwischendurch – manchmal geht es sogar wieder einige hundert Meter bergab, doch dann geht die Strecke in eine kontinuierliche Steigung ohne flache Passagen über. Fast bis Kilometer 32 quäle ich mich mit jedem Schritt weiter nach oben. Endlich ist auch diese Landmarke geschafft und ich bin mit Gedanken schon so gut wie im Ziel – jetzt geht es nur noch bergab!

Doch dann realisiere ich langsam meine Fehleinschätzung. Wider Erwarten ist der Lauf bergab noch viel schlimmer als die Schritte aufwärts. Ist es durch Überdehnung, Übersäuerung oder einfach die Tatsache, dass ich immer noch einige Kilos zu viel auf den Rippen habe? Auf jeden Fall lerne ich, was Schmerzen sind. Mit jedem Schritt durchfährt mich ein Stich. Ab Kilometer 36 habe ich abwechselnd Krämpfe in den Ober- und Unterschenkeln beider Beine. Zusätzlich steigt Übelkeit in mir auf. Es war wohl wirklich keine gute Idee am Abend davor die gesamte Karte des griechischen Restaurants durchzuprobieren. Jetzt liegt alles schwer im Magen. Insbesondere bei der Frage des Kellners bei unserer Bestellung, ob wir wirklich morgen den Marathon laufen wollen, hätten wir hellhörig werden sollen.

Mehrmals überlege ich zu gehen – aber das ist keine echte Option. Zweimal muss ich stehenbleiben um zu Dehnen. Mit den stärker werdenden Krämpfen in den Beinen ist an kein Fortkommen zu denken. Die letzten zwei Kilometer fühlen sich wie zwanzig an und ich frage mich, warum ich immer wieder Läufer sehe, die ein Marathon T-Shirt vom letzten Jahr tragen. Wie kann man sich so etwas zweimal antun?

Kurz vor Einlauf ins Stadion sehe ich Sonja mit unserer Süßen im Arm stehen. Das gibt Auftrieb. Kurz überlege ich, sie auf den Arm mit ins Stadion zu tragen und mit ihr gemeinsam durchs Ziel zu laufen. Allerdings ist es laut und ich fühle mich nicht mehr sicher auf den Beinen. Ich habe tatsächlich Angst, mit ihr zu stürzen. So begnüge ich mich mit einem Kuss und einem Lächeln meiner Süßen und schleppe mich ins Ziel.

Den Zieleinlauf erlebe ich nur in Trance und nehme mir vor, dass dies ein einzigartiges Erlebnis bleibt. Wenn, erlebe ich diesen Lauf nur noch als Fan. Ein Punkt weniger auf meiner Bucket Liste, aber gefühlt einen Schritt näher am Grab – so ist das Leben.

17. November

Einem Kind den passenden Namen zu geben, ist eine wohl meist unlösbare Aufgabe. Im Grunde kann man sich glücklich schätzen, wenn einem die Wahl nicht ein Leben lang vorgehalten wird. Gut, manche Namen sind schon ein richtiger Fehlgriff und können es dem Kind im Leben auch schwermachen. Ich denke an die „deutschsprachigen" Klassiker wie Jennifer und Kevin. Positiv ist hier nur anzumerken, dass man mit einem solchen Namen zumindest nicht zu oft mit Einladungen zu Jobinterviews belästigt wird. Das Highlight, von dem ich bisher gehört habe, ist sicherlich der Name „Schakkeline" (in genau dieser Schreibweise). So muss man sich bewusst sein, dass man bei der Namensfindung wenig richtig, aber sehr viel falsch machen kann.

Dennoch ist uns die Wahl des ersten Namens unserer Tochter sehr leichtgefallen: Anna - einfach, als Palindrom tauglich und zeitlos – zudem auch in anderen Sprachen gängig (wie im Englischen, zumindest als Variation). Der wichtigste Faktor, es war der Name von Sonjas verstorbenen Oma. Einer dieser Menschen, über die man nur Gutes sagen kann. Ich habe sie natürlich nur im reiferen und kränklicheren Alter kennengelernt, kann mich aber nicht erinnern, je einen fröhlicheren und positiveren Menschen getroffen zu haben. Ein süßes, faltiges Lachen, ein verschmitztes Grinsen und eine einnehmende Art, sodass sie mir von der ersten Sekunde an sympathisch war.

So schnell war der erste Name bestimmt. Für den Zweiten wollte ich aber unbedingt etwas aus der griechischen Mythologie, die auf mich eine besondere Faszination ausübt. Fündig wurde ich dann beim Lesen eines Wikipedia-Artikels über die Göttin der Schönheit: Aphrodite. Diese trat auch unter anderen Namen in

Erscheinung. An der Seite des Gott Ares, als Kämpferin, trug sie den klingenden Namen: Areia. Ein Name. der mich sofort gefesselt hat und es bis heute noch tut.

Areia, eine Kämpferin (natürlich im übertragenen Sinn) und zugleich Göttin der Schönheit – was könnte passender für unserer Kleine sein. Eine weitere Tatsache war mir aber bis zum gestrigen Abend entgangen. Diesen haben wir, hier in Griechenland, mit den, vor Ort lebenden, Eltern von Nick verbrachten. Die Mutter brachte eine Sache auf den Punkt: Das „Hauptkind" aus der Verbindung der Göttin Aphrodite mit dem Kriegsgott Ares ist die Harmonie. Eine der Eigenschaften, die mit den Namen Areia in Verbindung gebracht wird, ist die Harmonie. Was könnte man sich mehr wünschen, als dem eigenen Kind Harmonie mit sich und der Welt auf dem Weg mitzugeben?

Als letzten Vornamen gaben wir unserer Tochter den Namen April mit auf den Weg. Ein Name, der für den Frühling und das Erwachen steht. Hier hatte ich von Anfang an die Bedingung, dass unsere Kleine dann aber auch im April auf die Welt kommen müsste – was zu Beginn nicht so sicher schien. Sie hat sich somit wohl mit vollem Bewusstsein für diesen Namen entschieden.

Dass alle drei Vornamen mit dem Buchstaben A beginnen, war uns aber nicht aufgefallen und war keinesfalls bewusst gesteuert. Das Ergebnis hatten wir erst realisiert, als wir von vielen Seiten Glückwünsche mit Formulierungen wie „All the best for the top rated baby!" erhielten. Ja, wer wünscht sich nicht ein Kind, das ganz offiziell ein Tripple-A Rating hat!

INFOBOX – (VOR)NAMEN

Vergib deinen Feinden, aber vergiss niemals ihre Namen

Quelle: John F. Kennedy

Der Vorname ist der Teil des Namens einer Person, der sich nicht auf die jeweilige Familienzugehörigkeit bezieht. In der Regel steht er vor den Nachnamen. Daher auch die Bezeichnungen VORname und NACHname. Dennoch gibt es einige Kulturen, bei denen die Reihenfolge vertauscht wird. In Ungarn, Vietnam, China, Korea oder Japan wird der gegebene Name nach dem Familiennamen geführt. Im russischen ist der Vatersname, der vom Vornamen des Vaters abgeleitet ist, zwischen Vor- und Familiennamen zu finden.[53] Aber auch im deutschsprachigen Alpenraum ist es nicht unüblich, im täglichen Gebrauch die Reihenfolge zu ändern z.B. der Huber Sepp.

Im Internet gibt es unzählige Seiten, die bei der Namensgebung helfen und die beliebtesten Namen nach Land, Region, Kultur und Jahr aufzeigen. Auf Grund der verschiedenen Schreibweisen (z. B. Hanna und Hannah) und fehlender seriöser Statistiken, gibt es keine klare Antwort auf die Frage, welcher Name international am beliebtesten war und ist. Generell ist die Namensgebung aber einem überraschend geringen Wandel im Laufe der Zeit unterworfen. So waren die zwei gängigsten Vornamen um 1880 in den USA schon John und Mary.[54] Zumindest bei den männlichen Vornamen stand und steht der Name Mohammed ganz hoch im Kurs. Auch in vielen europäischen Ländern schafft er es unter den Spitzenreiter. Und wenn man die zwölf verschiedenen Schreibweisen zusammenzählt, überholt er Oliver, Jack und Harry mittlerweile auch in Großbritannien.[55]

Wenn der Name aber nicht gefällt, lässt dieser sich auch relativ problemlos wieder ändern. So haben in Österreich nicht

---

[53] https://de.wikipedia.org/wiki/Vorname

[54] Social Security Administration [US] https://www.ssa.gov/oact/baby-names/decades/names1880s.html

[55] Mohammed steigt zum beliebtesten Jungennamen auf; in Welt.de; 2010

nur Staatsbürger, sondern auch Staatenlose oder anerkannte Flüchtlinge mit gewöhnlichen Aufenthalt das recht, sowohl Vor- wie auch Familiennamen zu ändern. Dafür ist, neben den gängigen Unterlagen wie Lichtbildausweis und Geburtsurkunde, nur ein formloser schriftlicher Antrag erforderlich. Eine Änderung ist hier schon für unter 30 EUR möglich. Beim Fehlen eines Grundes (also Wunschname), kann eine solche Änderung schon einmal einige hundert EUR ausmachen.[56] So ist es hilfreich, in diesem Sinne, seinen Kindern einen lächerlichen oder schwer auszusprechenden Namen auf dem Weg mitzugeben, da dies ein gültiger, gesetzlicher Grund für eine Namensänderung wäre.

Glücklicherweise gibt es bei der Namensgebung aber auch gesetzliche Beschränkungen. Die österreichische Regelung nach dem Personenstandsgesetz ist konservativ und orientiert sich am Wohl der Kinder. So sind Beleidigungen (wie „Schlendrian") oder negativ besetzte Bezeichnungen (wie „Satan", „Judas" oder „Kain") nicht erlaubt. Auch Produktnamen, Pflanzen oder Kosenamen (wie „Biene" oder „Mimi") sind nicht erlaubt. Namen, die in ausländischen Kulturkreisen gebräuchlich sind, sind aber naturgemäß möglich, auch wenn diese eventuell untypisch klingen. So sind "Girlie" (kleines Mädchen) oder "Homobono" (guter Mensch) gestattet.[57] Bei der Schreibweise sind leider oft nicht diese Einschränkungen gegeben. So kann der französische Name Jacqueline, im deutschsprachigen Raum leider mit der Schreibweise „Schakkeline" durchaus vorkommen.[58]

---

[56] Bundeskanzleramt [AT]: Namensänderung von Erwachsenen, in Help.gv.ag; 2017

[57] Godzilla & Co: kuriose & verbotene Baby-Namen, in Heute; 2012

[58] Seeberg, S.: Die Schakkeline ist voll hochbegabt, ey!; 2016

21. November

Gestern waren wir zum Brunch bei alten Freunden, die ich noch aus meiner Zeit in Indien kenne, eingeladen. Mit dabei waren auch zwei kleine Kinder – Maya (4 Jahre) und Noah (7 Jahre) - und somit war unsere Süße in ihrem Element. Ältere Kinder beim Spielen zu beobachten, bleibt das Tollste, noch dazu, wenn diese auch richtig nett mir ihr spielen und ein volles Entertainment-Programm geboten wird. Wunderbar, das heißt, wir haben unsere Ruhe und können aus sicherer Entfernung, am Frühstückstisch, dem Trubel folgen.

Doch dann musste ich auf einmal stutzen. Maya, die Kleinere, hatte angefangen die Polster von der Sitzgarnitur zu sammeln und ins Nebenzimmer in Richtung unserer Kleinen zu schleppen. Auf meine Frage, was sie denn vorhätte, kamen wohl beruhigend gemeinten Worte:

„Ach nichts - wir bauen nur eine Landezone für das Baby!"

Bitte was??? Nicht unbedingt die Worte, die besonders beruhigend auf junge Eltern wirken. Glücklicherweise war meine Frau bei den Kleinen - somit sollte wohl alles passen. Nachher hat mir Sonja auch berichtet, was die ursprüngliche Idee war. Die Kleinen wollten unserer Süßen auf einen normalen Stuhl setzen. Daraufhin kam die Warnung meiner Frau, dass sie noch nicht selber sicher sitzen könne. Somit besteht die Gefahr, dass das Baby runterfällt. Ach so,…

Nun kam wohl nach kurzem Überlegen die rettende Idee für ihren Plan. Mit einigen Postern unter dem Stuhl sollte das Risiko für unsere kleine Maus überschaubar sein, zumindest nach Einschätzung eines 7-jährigen und einer 4-jährigen. Glücklicherweise konnte diese Aktion dann doch noch von meiner Frau vereitelt werden.

Dafür ist es Maya wenige Minuten später gelungen, den gesamten Holzstuhl umzuwerfen, sodass er max. 5 cm neben unserer Kleinen aufgeschlagen ist – puh, noch mal Glück gehabt. Vielleicht ist es doch nicht so dumm gewesen unsere Kleine zu taufen, ihren Schutzengel wird sie mit Sicherheit brauchen.

INFOBOX – UNFÄLLE IM BABYZIMMER

Es nimmt der Augenblick, was Jahre geben.

Quelle: Johann Wolfgang von Goethe

Jährlich ereignen sich über 170.000 Kinderunfälle in Österreich. Drei Viertel der Unfälle ereignen sich dabei in den eigenen vier Wänden. Eines der größten Unfallrisiken im ersten Jahr sind Stürze vom Wickeltisch. Laut dem Verein „Große schützen Kleine" stürzen pro Tag mindestens zwei Kinder in Österreich vom Wickeltisch. 81 % davon sind maximal ein Jahr alt und 97 % der Verletzungen betreffen Kopf und Gesicht. Ein Drittel der Unfallopfer muss stationär aufgenommen werden. Die Hauptunfallzeiten sind morgens (zwischen 8:00 und 10:00) und abends (zwischen 17:00 und 19:00). Jeder zweite Aufprall erfolgt auf Fliesen- oder Steinboden, was besonders gravierende Auswirkungen hat. Daher sollte beim Wickeln unbedingt immer eine Hand beim Kind verbleiben.[59]

Die fünf häufigsten Kinderverletzungen sind im Allgemeinen:[60]

5. Verschlucken kleiner Gegenstände: Kann zu Atemnot führen. Erste Hilfe: Kind über den Oberschenkel legen und mit

---

[59] Interview mit Kinderchirurg Höllwarth, M. in derStandard.at; 2010

[60] www.frauenzimmer.de ; 2016 bzw. Johanniter: Erste Hilfe beim Kind; 2014

flacher Hand zwischen die Schulterblätter des Kindes 5-mal schlagen. Nach jedem Schlag kontrollieren, ob der Gegenstand noch steckt. Danach bei Säuglingen 5 Herzmassagen mit 2 Fingern. Abwechseln bis der Gegenstand herausfällt.

4. Verbrennungen am Herd oder durch heiße Getränke: Erste Hilfe: verbrannte Stelle unter fließendes, kühles Wasser halten.

3. Brüche, z. B. durch Stürze: Kind sollte umgehend zu einem Arzt oder zur Notaufnahme gebracht werden.

2. Offene Wunden und Schnitte. Erste Hilfe: Die Wunde nach Möglichkeit reinigen (mit Desinfektionsmittel oder Wasser) und sauberen Verband auflegen. Bei größeren Verletzungen Arzt oder Krankenhaus aufsuchen.

1. Kopfverletzungen, z. B. durch Stürze. Erste Hilfe: Hektische Positionsveränderungen vermeiden. Kind ansprechen, stabilisieren (bei Bewusstlosigkeit stabile Seitenlage), sicherstellen, dass die Atemwege nicht blockiert sind. Notruf.

Wichtige Notrufnummern (Österreich):

112	Euronotruf
144	Rettung
1455	Apotheken Notruf
+43 1 406 43 43	Vergiftungszentrale AKH

25. November

Vor ziemlich genau 2 Monaten war es so weit: Das erste Mal umdrehen. Somit bereit zum Loskrabbeln - und dann? Erst einmal
nicht viel. Unsere Kleine genoss das Liegen auf dem Bauch,
drehte sich zuweilen nach links oder rechts und gab nicht die
Hoffnung auf mit dem Bauchsurfen abzuheben.

Bauchsurfen ist der absolute Trendsport unter Kleinkindern: Dabei werden Arme und Beine in die Luft gerissen und auf dem
Bauch gewippt. Auf den ersten Blick hat dies eine hohe Ähnlichkeit mit einem Seelöwen, der bettelnd auf seine Fische wartet.
Unsere Anna hatte wohl die Hoffnung als kleines Supergirl doch
abzuheben.

Doch nun sind die ruhigen Zeiten wohl doch vorbei. Das Zeital-
ter der Mobilität hat eingesetzt. Unsere Süße hat es geschafft -
endlich, endlich kann sie krabbeln! Und es schaut schon richtig
professionell aus, das diagonale Heben der Arme und Beine. Dazwischen ist zwar immer ein kurzer, wackeliger Moment, doch
dann werden Bein und Arm nach vorne geschoben und die Position stabilisiert sich. Ja, so funktioniert die Bewegung auf allen
vieren. Heute haben wir schon mehrfache Tischumrundung geschafft.

Ja und wir sind jetzt so richtig stolz. Selbst Anna's Spielgefährte
David, der sonst bei allen immer voraus ist, kann das noch nicht.
Gut, er zieht sich mit seinen Armen am Bauch liegend einfach
nach vorne und ist so ein Vielfaches schneller als unsere Kleine
– aber es kommt ja auf die Ästhetik an und da ist klar, wer hier
der Sieger ist.

Jetzt heißt es auch für uns Eltern schnell zu sein. Es werden ganz neue Bereiche des Wohnzimmers erkundet. Die DVDs und Bücher werden schnell einmal aus dem Regal befreit. Elektronisches Spielzeug wirkt auf jede Alterskategorie anziehend. Der DVD-Player – einige Knöpfe werden gedrückt – die DVD wird ausgeworfen und der Fernseher springt an. Ich war mir nicht bewusst, dass dies überhaupt möglich ist.

Auch inverses Apportieren wird jetzt möglich. Nicht dass sie etwas für uns holen würde - dumm sind wir ja nicht - aber dafür klappt es andersrum: Man setzt die Kleine einige Meter weg von sich, widmet sich kurz seinem Handy (oder irgendeinem anderen interessanten Gegenstand), schon kann man sich sicher sein, dass sie nach spätestens einer Minute auf einem herum klettert und versucht den ach so spannenden Gegenstand zu entwenden. Wenn es für Mama und Papa wichtig ist, muss es für mich noch viel wichtiger sein! Bei dieser Mission ist auch kein Berg oder Bauch unüberwindbar. So wurde nebenbei auch schon der Mount Papa erfolgreich erstbestiegen.

Jetzt geht der Stress, aber auch der Spaß wohl richtig los und wir freuen uns auf beides…

28. November

Die Weihnachtszeit naht und was liegt näher, als sich dem Backen von Weihnachtskeksen zu widmen. Na ja, aus strategischen, wie auch operativen Überlegungen, halte ich mich hier besser von der Küche fern. So gerne ich koche, so wenig kann ich mit Backen anfangen. Dafür sind Sonja und ihre Freundin Sejla hier in ihrem Element.

Somit übernehme ich am großen Back Tag das Kinderentertainment. Diesmal nicht nur für Anna, sondern auch für ihren Freund David. Ob ich zwei Kinder schon im Griff habe? Klar, natürlich - interessanterweise ist es im Grunde leichter als mit einem alleine. Die beiden beschäftigen einander und man darf einfach als Zuschauer am Rand des Felds das Spiel verfolgen. Das Spielverhalten zu beobachten, wird sowieso von Tag zu Tag interessanter. Das anfängliche Tasten und Wirklich-alles-in-den-Mund-Nehmen, wird nun stärker variiert. Ganz besonderer Beliebtheit erfreut sich das Schlagen und Trommeln mit Gegenständen – glücklicherweise (noch) nicht auf andere Babys. Aber Lärmmachen ist nun mal das Tollste.

Das Highlight des gemeinsamen Spieltages war aber das Wettrennen um den Wasserball. Hier hatte Anna vorweg die klar bessere Startposition auf der Innenseite. Anstelle aber, Gentleman-like, unsere Süße von der Seite zu überholen, wird schnell einmal über sie drüber gekrabbelt. Beide liefern sich ein Kopf-an-Kopf-Rennen, krabbeln und robben. Der Ball wird immer weiter nach vorne getrieben – ein wirklich schönes Dribbling von David – aber Anna kann mithalten und so wird der Ball abwechselnd vor sich hergeschoben. Ein Teamwork wie aus dem Lehrbuch. Manchmal habe ich den Eindruck, unsere Kleine lässt David den Vortritt – vielleicht ist sie einfach eine gute Gastgeberin oder schon heute eine bessere Verliererin, als ich es je sein werde.

ABBILDUNG: DER ERBITTERTE KAMPF UM DEN BALL

Nach getanem Sport und Spiel, wird dann auch brav abwechselnd gerastet und ich denke: „Man bin ich gut!" Vielleicht doch den Job verfehlt....

INFOBOX – SPIELENTWICKLUNG

Spielen ist eine Tätigkeit, die man gar nicht ernst genug nehmen kann.

Quelle: Jacques-Yves Cousteau

Spielen ist keine Verhaltensweise, die allein auf den Menschen beschränkt ist. Jeder Besitzer einer Katze oder eines Hundes stimmt dieser Aussage ohne Einschränkung zu. Doch wie definiert sich Spielen und wie grenzt man es vom instinktiven Verhaltensrepertoire ab?

Der amerikanische Professor für Psychologie und Evolutionsbiologie, Gordon M. Burghardt von der University of Tenesse, definiert fünf Kriterien an denen Spielverhalten festgestellt wird:[61]

1. Kein unmittelbarer Nutzen

2. Entstehung aus innerem Antrieb

3. Kann in Aufbau und Zeitspanne variieren

4. Wiederholbar

5. Erfolgt in einem entspannten Umfeld

Dabei erfolgt die Entwicklung des Spielens in mehreren Phasen. Beim Menschen beginnt dieser Prozess insbesondere mit der Fähigkeit zu Greifen, im 4ten bis 5ten Monat. Die wichtigsten spielerischen Verhaltensweisen im 1. Lebensjahr sind:[62]

- Erkunden von Gegenständen: orale Erkundung / Mundeln, manuelles Erkunden / Hantieren und visuelles Erkunden / Betrachten

---

[61] Warter, T.: Wahre Spaßvögel in Zeit Online; 2013

[62] Largo, R.: Babyjahre, 2010

- Spielen mit der eigenen Merkfähigkeit: Gegenstände weg-
werfen, verstecken und wiederfinden als Training des Kurz-
zeitgedächtnisses

- Mittel-zum-Zweck Spiele: Heranziehen von Gegenständen,
Herumstoßen, Rollen

- Kausalität erkennen: spielerisches Entdecken von Ursache-
Wirkungszusammenhängen wie Wasserhähnen, Fernsteue-
rungen oder (Licht)-Schaltern

Beim Spielverhalten lassen sich zwischen Tieren und Menschen klare Parallelen, aber auch Unterschiede ableiten. So folgen Oktopusse beim Umgang mit neuen, unbekannten Objekten dem gleichen Prozess wie Kleinkinder: Zuerst wird das
neue Objekt gründlich und ausgiebig untersucht. Danach
wird der Gegenstand erst eine Weile links liegen gelassen. Erst
später wird damit herumprobiert und experimentiert, was
man alles mit ihm machen kann. [63]

Kommt es allerdings zum sozialen Spiel und der Interaktion
zwischen Individuen, lassen sich beim Spiel klare Unterschiede zwischen Mensch und Tier erkennen. Wenn man Kra-
ken versuchen ließe in einem Fußballspiel zu bestehen, hätte
dies wohl andere Folgen als bei Kindern. Diese Tiere sind
strenge Einzelgänger und würden sich, laut Aussage des
Hirnforschers Michael Kubas, bei Konfrontation umbringen.
Oder im besseren Fall, sich einfach nur paaren. Ein Ballspiel
der anderen Art würde nicht zustande kommen. [64]

Auf den ersten Blick erscheint Spielen weniger überlebensnot-
wendig als Nahrung oder Schlaf. Dennoch haben etliche Tierarten diese Verhaltensweise entwickelt und amüsieren sich
wie Menschen köstlich. Das Fachmagazin "Current Biology"
widmet sich in einer Sonderausgabe dieser Thematik und

---

[63] Warter, T.: Wahre Spaßvögel in Zeit Online; 2013

[64] Warter, T.: Wahre Spaßvögel in Zeit Online; 2013

bringt einige faszinierende Fallbeispiele: Dabei wird auch ent-
hüllt, dass einige Tierarten einen ausgeprägten Spieltrieb haben, die in der Regel nicht dafür bekannt sind. Komodowa-
rane können beim Spielen mit alten Schuhen oder Bällen so
ausgelassen, wie junge Welpen wirken. Afrikanische Weich-
schildkröten, lieben es Flaschen und anderes Treibgut zu
schupsen und nutzen Schläuche zum Tauziehen. Auch Salz-
wasserkrokodile sollen schon beim Herumtollen mit einem
Basketball beobachtet worden sein.[65]

Spielen kann auch ein wichtiger Katalysator sein. Statt sich
selbst oder andere zu verletzten, hilft Spielen gegen Stress und
gegen Langeweile, es gleicht den Ist-Zustand aus und es hält
Tiere und Menschen beschäftigt. [66]

Dabei ist es, aber nicht immer notwendig das Spielen bei Kindern durch eine Überflutung mit Spielsachen zu fördern. Es
besteht sogar die Vermutung, dass die Kreativität gefördert
wird, indem man Spielzeug vorenthält. Kinder lernen so einen
kreativeren Umgang mit ihrer Umgebung und haben die
Möglichkeit, ganz neue Spiele selber zu erfinden. So gibt es
schon Projekte für spielzeugfreie Kindergärten. Neben der
Kreativität sollen Konfliktfähigkeit und Sozialkompetenz gefestigt werden. [67]

---

[65] Warum Tiere spielen in Spiegel Online; 2015

[66] Warter, T.: Wahre Spaßvögel in Zeit Online; 2013

[67] www.spielzeugfreierkindergarten.de

VIERTER MONAT

01. Dezember

Der erste Dezember hat perfekt angefangen. Der Morgen be-
grüßt uns mit einer zauberhaften, verschneiten Winterland-
schaft. Ganz fasziniert betrachtet unsere Süße die veränderte
Landschaft aus dem Fenster. Wo kommt den das ganze Weiß
wohl her? Schnell hat aber das Fläschchen wieder höhere Priori-
tät.

Überhaupt gibt es jetzt so viel zu entdecken. Dies gilt für Kleinkinder genauso wie für Eltern. Die gesamte Wohnung muss von
einen auf den anderen Tag ganz neu betrachtet werden. Zwar
sind Steckdosen abgesichert und manche Kanten geschützt, aber
viele Gefahren muss man erst gemeinsam erkunden.

Für den Hinweis, dass Schürhaken und Kelle neben unserem
Ofen eventuell nicht ideal als Kinderspielzeug geeignet sind, war
ich Freunden sehr dankbar. Gestern hat sich unsere Süße dann
aber dennoch die erste blutige Lippe geholt (und das nicht im
metaphorischen Sinne). Kurz aus dem Wohnzimmer raus, hörte
ich schon einen schmerzerfüllten Schrei. Irgendwie hatte sich
Anna mit dem Metallgestell des Glastischs angelegt und überraschenderweise den Kürzeren gezogen. Das Blut rinnt über ihren
Mund und es tut mir mindestens genauso weh wie ihr.

Auch heute habe ich mich nur kurz mal weggedreht und entdecke unsere kleine Forscherin im Gang, wie sie schnell einmal die
Blätter der Pflanze mit dem Mund befühlt. Gut, dass es Google
gibt. Nach einer Minute finde ich heraus, dass es sich um Efeu-
tuten handelt. Wikipedia teilt mir mit, dass es für Kleinkinder
und Haustiere in größeren Mengen giftig ist. Gut, Gott-sei-Dank
hat sie nichts gegessen. Der Mund wird ausgiebig ausgespült –

sorgt nicht für Begeisterungsstürme – und dann schauen wir mal.

Sonja kommt jetzt auch mit der These, dass der schwere Durchfall, der unsere Süße die letzten Tage quält, vielleicht von einem herabgefallenen Blatt des Weihnachtssterns kommen könnte. Tja, wer weiß? Auf jeden Fall wird es nicht leichter, je mobiler sie wird. Ich hoffe wir lernen schneller als unsere Süße forscht. So hole ich mir die Unterlagen unseres speziellen Kinder-Erste-Hilfe-Kurses – war wohl nicht schlecht, dass wir diesen noch während der Schwangerschaft besucht haben.

06. Dezember

Heute war es so weit – der Babyevent, auf den ich so lange ge-
wartet hatte, war da: Babytrommelns. Jetzt stellt sich heraus, ob
unsere Kleine den Beat hat.

Schon von Beginn weg fühlte ich mich hier viel besser aufgeho-
ben als in der letzten Musikgruppe. Der Hauptunterschied, ich
war zum ersten Mal nicht der einzige Mann, na ja, zumindest
nicht der einzige Mann, der sich schon allein den Hintern putzen
konnte. Ja, die Leitung dieser Gruppe war in männlicher Hand –
kaum zu glauben aber wahr. Und es fühlt sich alles gleich ein
wenig anders an. Unser Vortrommler ist ebenfalls Vater zweier
Kinder und hat auch ein Jahr Karenz hinter sich gebracht – Män-
nerkarenzherz, was willst Du mehr?

Irgendwie fühlte ich mich auch in meine Jugend zurückversetzt.
Überall liegen Trommeln, Schellen, Rasseln, ein Xylophon und
Vieles mehr herum. Das Chaos hat starke Ähnlichkeit mit unserem ersten Proberaum. Damals hatten wir noch alle die Illusion
als Musiker den großen Durchbruch zu schaffen und wir waren
ernsthaft davon überzeugt, dass es möglich war. Mittlerweile bin
ich der Meinung, dass ein Fünkchen Talent wohl nicht geschadet
hätte. Und das hat sich nicht geändert, sowohl damals wie heute
war und bin ich vollkommen talentbefreit. Aber Spaß kann es ja
trotzdem machen.

Am eindrucksvollsten sind die Djembé in verschiedenen Größen
und Formen. Diese afrikanische Bechertrommel, die man zwischen die Beine nimmt oder darauf hockt, hat mich schon immer
fasziniert. Leider habe ich das Spielen darauf allerdings nie beherrscht.

Der Kurs startet dann auch gleich damit, dass alle Eltern je eine Djembé schnappen und los trommeln. Ohne viel Einführung und vor allem ohne viel Gerede. Allein schon, dass die Vorstellungsrunde wegfällt, ist für mich eine Wonne. Der Leiter bringt den nötigen Beat mit ein und alle anderen halten mit. Die Kleinen sind erst überrascht, fühlen sich aber schnell wohl. Ihre Aufgabe ist es erst einmal zuzuhören und im Rhythmus mitzukrabbeln. Vereinzelt wird eine Rassel geschnappt und ich rede mir ein, unsere Süße versucht auch, ihren musikalischen Beitrag zu leisten – kann aber auch die selektive Wahrnehmung eines Vaters sein.

Dann ging es um die beruhigende Wirkung von Trommelschlägen im Herzrhythmus. Die Buffalo-Trommel soll den Herzschlag imitieren und jeder darf mal ran. Danach werden Schellen mit den Kleinen getestet. Auch wir Eltern bekommen jetzt eine kurze Einführung in die richtige Bedienung der Djembè – vielleicht hilft das sogar bei einem aussichtslosen Kandidaten wie mir. Zum Abschluss noch 10 Minuten Mediationstrommeln und dazu eine Ocean Drum – mit dieser kann man Meeresrauschen und Wellen imitieren – und nicht nur ich werde wohl ein wenig dösig. Dann ist die erste Stunde schon rum und ich merke, dass ich mich wohl ein wenig auf die nächste Einheit freue.

Die Kleinen, die sich zwischen den Bergen aus Musikinstrumenten durchkämpfen, müssen sich wohl wie in einem Spielzeugschlaraffenland vorkommen. Anna und ihr Freund David, der auch mit dabei ist, sind richtig gut drauf. Nur ein anderes Baby ist wohl etwas erschöpft und raunzt. Super, solange es nicht meines ist! Vielleicht wird es ja bei meiner Tochter etwas mit der großen Musikkarriere – oder wir haben beide einfach nur Spaß…

11. Dezember

In letzter Zeit höre ich den folgenden Satz immer öfter:

„Sie ist doch ganz die Mama!"

Manch einer würde denken, dass man dies als Vater ungern hört
– ist aber nicht so. Ich bin froh, wenn unsere Kleine so wird wie
ihre wundervolle Mutter und ich bin dabei nicht eifersüchtig –
na ja, zumindest nicht sehr.

Gut, meist bezieht sich die Aussage im Moment noch auf Annas
strahlend blaue Augen. Hier ist auf den ersten Blick klar, dass
diese nicht von mir stammen können – denn jetzt, nach 8 Monaten bin ich mir sicher, dass diese nicht mehr braun werden. Hier
hat sich wohl die vermeintlich schwächere Farbe durchgesetzt.
In Sonjas Familie ist die Augenfarbe blau vorherrschend, in meiner durchgehend braun – komisch wäre wohl eher grün gewesen
– wobei, gefallen hätte es mir auch.

Aber nicht nur die Augenfarbe hat sie mitgenommen. Auch in
den Gesichtszügen spiegelt sich die Mama wider. Heute Morgen
hat sich aber gezeigt, dass sie auch die Charakterzüge von Sonja
mitgenommen hat. Dabei wird sie auch ihrem zweiten Namen
Areia voll gerecht – sie ist eine Kämpferin, wenn es darauf ankommt. Das meine ich nicht im kriegerischen Sinne, auch wenn
sie gestern ihrem Freund David im Kampf um das Spielzeug
durchaus die Stirn geboten hat. Nein, ich meine damit durchbei-
ßen. Ich bewundere Sonja dafür, dass sie eine Beißerin ist, nicht
schnell aufgibt und egal, was vor ihr liegt, immer wieder aufsteht
und weiterkämpft.

Heute durfte ich bei meiner Tochter ein ähnliches Verhalten beobachten: die Überquerung des Babyhochstuhls. Dazu muss man wissen, dass dieser von zwei ca. 15 cm über dem Boden liegenden Querbalken zusammengehalten wird. Somit zwei schier unüberwindbare Hindernisse – zumindest für ein 8 Monate altes Baby. Gut, man könnte einfach außen herumkrabbeln, aber warum sollte man?

So wird der erste Querbalken in Angriff genommen. Nach endlosen Minuten und Tritthilfe eines anderen Stuhls überwindet sie die erste Hürde. Hätte ich nicht gedacht, noch dazu, ohne mit dem Kopf irgendwo anzustoßen oder gegen den Boden zu knallen. Die zweite Hürde ist aber noch ein Vielfaches schwerer. Es gibt nicht nur keine Tritthilfe mehr, sie befindet sich jetzt im rutschigen Terrain. Wir haben unter dem Babystuhl eine äußerst glatte Gummimatte ausgelegt. Zudem hat sie heute auch keine Socken mit Noppen auf der Sohle an, die sonst das Krabbeln erleichtern – wie fies. So kämpft sich unsere Kleine Zentimeter für Zentimeter nach vorne. Zwischenzeitlich wird das Jammern lauter und ich bin versucht ihr zu helfen, kann mich dann aber doch kontrollieren, auch wenn es schwerfällt. Immer wieder ein neuer Anlauf. Zum Schluss liegt sie endlose Minuten mit dem Bauch auf der Querstange und balanciert in luftiger Höhe. Mit Wipp-Bewegung schafft sie es dann nach einer gefühlten Ewigkeit, das Gewicht zu verlagern und kippt nach vorne um. Geschafft! Ich bin hin und weg und juble. Anna lächelt mich nur kurz an, krabbelt dann aber munter weiter. Nach dem Motto „Ich weiß, dass ich gut bin, da muss man nicht viele Worte darüber verlieren."

INFOBOX – VERERBUNG / GENETIK

Eltern begabter Kinder glauben unerschütterlich an Vererbung.

Quelle: Joachim Fuchsberger

Das Grundverständnis über die Logik der Vererbung ist noch relativ jung. Um 1850 beobachtete der österreichische Augustinermönch Gregor Johann Mendel während seiner Gartenarbeiten das Wachstum der Erbsen und leitet daraus die Grundlagen der Vererbungslehre ab. Sein im Jahr 1866 erschienenes Werk *„Versuche über Pflanzenhybridenden"* wurde allerdings nur wenig beachtet und geriet in Vergessenheit. Erst um 1900 kamen die Botaniker Hugo de Vries (Amsterdam), Carl Correns (Tübingen) sowie Erich Tschermak (Wien) unabhängig voneinander zu ähnlichen Erkenntnissen und Mendels Werk wurde wiederentdeckt.[68]

Aus Mendels Experimenten ließen sich wesentliche Eckpfeiler der Vererbung ableiten. Zum einen bestehen dominante (sich durchsetzende) und rezessive (unterlegene) Eigenschaften (z. B. Farbe der Erbsenhülse: Grün = dominant und Gelb rezessiv). Allerdings können bei Kreuzungen auch rezessive Eigenschaften in der zweiten Generation wieder auftreten.

Eigenschaften der Erbsen (Hülsenfarbe)

Elterngeneration	**Grün**			Gelb
1 Generation	**Grün**			
2 Generation	**Grün**	**Grün**	**Grün**	Gelb

Die zweite Generation wurde alleinig durch Selbstbestäubung aus der ersten Generation abgeleitet. Nachdem ein Viertel der Nachkommen (ziemlich genau immer 25 %) die schwache (rezessive) Eigenschaften aufwies, leitete Mendel daraus ab, dass Faktoren, wie sie für die Hülsenfarbe verantwortlich sind, immer paarweise auftreten mussten.[69]

So sind die genetischen Eigenschaften beim Menschen in den 46 Chromosomen dokumentiert, die ebenfalls immer paarweise auftreten. Man spricht somit beim Menschen von 23

---

[68] https://de.wikipedia.org/wiki/Mendelsche_Regeln

[69] Rodden Robinson, T.: Genetik kompakt; 2014

Chromosomenpaaren. Allerdings finden sich die Gene für die verschiedenen Eigenschaften (z. B. Haarfarbe oder Haarform) verteilt an verschiedenen Stellen im Erbgut und oft auch an verschiedenen Chromosomen. Es ist somit sehr schwierig, die komplexen Vererbungsmuster von bestimmten Merkmalen herauszufinden.[70]

Die genetischen Vererbungsregeln sind leider nur in den wenigsten Fällen so einfach, wie sie die mendelsche Lehre darstellt. Es ist sogar so, dass Mendel großes Glück hatte für seine Forschung eine eher atypische Pflanze, mit der Erbsen und den spezifischen Eigenschaften, ausgewählt zu haben. Bei fast allen andern Pflanzentypen wären die Erkenntnisse mit Sicherheit nicht so klar gewesen. Dominante Eigenschaften haben nicht immer das Sagen und nicht alle Gene werden unabhängig voneinander weitergeben. Gene können sich hinter anderen verstecken und gleichzeitig dominant, kodominant oder auch dominant rezessiv sein.[71]

Somit ist es nicht immer klar, wie sich gewisse genetische Eigenschaften im Einzelfall vererben. Auch vermeintlich rezessive Eigenschaften wie blonde oder rote Haare stehen keineswegs vor der Auslöschung. Entgegen anderslautenden Berichten (z. B. auch National Geographic Magazin 2007) kann es zwar sein, dass Rothaarigkeit einige Generationen überspringt. Es ist aber äußerst unwahrscheinlich, dass diese natürliche Haarfarbe gänzlich verschwindet.[72] So kann sich Edinburgh auch in Zukunft darüber freuen, die Ginger Welthauptstadt zu bleiben (40 % der Einwohner haben eines von drei Rothaargenen in ihrem Erbgut).[73]

---

[70] Rodden Robinsion, T.: Genetik kompakt; 2014

[71] Rodden Robinsion, T.: Genetik kompakt; 2014

[72] Silverman, J.: Are readheads going extinct?; 2009

[73] Cramb, A.: Edinburgh is surprise capital of redheaded; in The Telegraph; 2013

Wer aber mehr über sein eigenes Erbgut erfahren will, kann heute das eigene Genom schon für wenige hundert EUR sequenzieren lassen. Übrigens ist dies gesetzlich nicht nur auf die eigene DNA beschränkt.[74] Ein weiterer Vorbote der Zukunft könnte die CRISPR/CAS9 Methode sein. CRISPR/Cas-Methode (Clustered Regularly Interspaced Short Palindromic Repeats) ist eine biochemische Methode, um DNA gezielt zu schneiden und zu verändern (Genome Editing). Gene können mit dem CRISPR/Cas-System eingefügt, entfernt oder ausgeschaltet werden,[75] Diese Genschere ist das Präzisionsinstrument, auf das Genetiker immer gehofft haben und liefert die Möglichkeit die DNA flexibel zu schneiden und zu modifizieren. Somit haben nicht nur Wissenschaftler ein effizientes Instrument um jegliche DNA in Zukunft beliebig zu „optimieren".

---

[74] Goodman M.: Global Hack, 2015

[75] https://de.wikipedia.org/wiki/CRISPR/Cas-Methode

16. Dezember

Nicht nur unsere Kleinen machen Fortschritte und lernen ständig dazu, auch wir als Eltern entwickeln uns weiter. Das müssen wir auch! Dinge, die uns anfangs vor intellektuell unlösbare Herausforderungen gestellt haben, kosten uns heute nur noch ein müdes Lächeln. Vor wenigen Monaten hätte ich nicht gedacht, was alles im Vorbeigehen erledigt werden kann. Mit einer Hand hält man ein Kleinkind, redete beruhigend darauf ein oder singt etwas vor – mit der anderen Hand wird ein Fläschchen oder Brei mit perfekter Temperatur serviert. Ganz nebenbei läuft vielleicht noch das Telefon im Freisprechmodus – man muss ja die Zeit so effizient wie möglich nutzen. Das Ganze wird ohne Hektik oder dem Aufkommen von Stress erledigt. Auch die Geräuschkulisse der Kleinen lässt einen vollkommen kalt - denn dadurch geht es auch nicht schneller!

Mittlerweile bin ich auch der festen Überzeugung, dass die den Frauen nachgesagte Fähigkeit zum Multitasking alleinig auf die Herausforderungen der Kindererziehung zurückzuführen ist. Aber auch als Mann kann man das scheinbar lernen. Allerdings muss man zugeben, dass einen die Kleinen auch immer wieder fordern und den Anforderungslevel kontinuierlich nach oben treiben. Bestes Beispiel ist das Wickeln der Kleinen – der berüchtigte Boxenstopp.

Ich kann mich noch zu gut an das allererste Mal erinnern. Nach einer 24 Stunden dauernden Geburt, übermüdet, ausgezehrt und verausgabt – meiner Frau ging es übrigens auch nicht viel besser – reichte mir die Hebamme unsere Tochter mit den Worten *„Windeln anziehen!"*. Die aufkeimende Panik in den Augen und das große Fragezeichen auf der Stirn ignorierte sie einfach. Sie ließ mich mit diesem kleinen Wurm in den Händen einfach stehen.

Wie geht das genau? Was muss ich machen? Besteht die Gefahr, dass ich sie kaputtmache? All diese Fragen lagen mir auf den Lippen, aber es war niemand mehr da, der mir diese beantworten konnte. So hatte ich einen schreienden Zwerg vor mir und wir wussten, da müssen wir jetzt gemeinsam durch. Unsere Kleine war allerdings noch keine große Hilfe. Irgendwie hatte es aber dann doch geklappt und die erste Windel war geschafft – es sollte nicht die letzte sein!

Auch die nächsten Tage und Wochen war es zunehmend eine Herausforderung. Zudem musste man die Kleinen ja auch immer aus- und wieder anziehen. Der Tipp der Schwester, *„Man steckt einfach drei seiner Finger durch den Ärmel des Bodys, nimmt die Hand des Babys und zieht sie durch"*, war gänzlich nutzlos. Bei meinen Händen passte maximal ein Finger durch diese Mini-Ärmelchen – somit für einen Mann ein fast unlösbares Problem.

Doch im Laufe der Zeit wird dies Routine und spielend erledigt. Nach ein paar Monaten ist man sich sicher, dass man es jetzt perfekt beherrscht. Warum jammern andere so über die Herausforderungen des Windeln Wechselns? Ist doch einfach!

Na ja, und dann beginnt die Mobilität. Die Hoffnung, dass die Süße einfach am Rücken liegen bleibt, und das Prozedere über sich ergehen lässt, ist leider unbegründet. Sie fängt an sich nach links und rechts zu werfen und bei jeder Gelegenheit umzudrehen. Alles was am Wickeltisch herumliegt, ist potenzielles Spielzeug – und sei es die randvoll gefüllte Windel. Jetzt versteht man den Ratschlag des Kinderarztes:

„Eine Hand bleibt immer beim Kind, egal was ist!"

Ja, die Entwicklung des Kindes hatte die eigenen Fähigkeiten wieder einmal abgehängt. So heißt es trainieren, trainieren, trainieren und die Technik optimieren. Und letztens bin ich mit einem Bekannten, auch Vater eines gleichaltrigen Sohnes, regelrecht ins Schwärmen gekommen. Sie gehen auch zu dem gleichen Kinderarzt wie wir und ihm beim Wechseln der Windeln zu beobachten, ist einfach nur desillusionierend. Mit der Leichtigkeit einer Ballerina wird hier vorgegangen. Die Hände schweben über unser Kind. Mit dem Ellbogen wird die Kleine liebevoll fixiert und mit zwei flinken Griffen sitzt die Windel perfekt. Es ist wie Zauberei. Kaum zu glauben.

Jedes Mal wieder stehe ich mit offenem Mund da und frage mich, wie dieser Trick funktioniert. Nicht in 1000 Jahren werde ich diese Perfektion erreichen - sehr unsympathisch diesem Schautanz beizuwohnen. Er könnte sich doch wenigsten der Höflichkeit halber bemühen, das Ganze nicht so einfach aussehen zu lassen.

So sitzt man beim Gespräch mit einem anderen Mann. Schwärmt über die Windelwechselfähigkeiten eines Dritten und fragt sich, ob Männergespräche früher nicht doch auch andere Themen hatten...

18. Dezember

Im Dunkel der Scheibe spiegeln sich die Schneeflocken und ich höre meine Frau schreien, *„Jaaaa – es schneit!"*. Für Sonja gibt es nichts Wohligeres, als einen verschneiten Abend in der Adventzeit. Und ich teile dieses Gefühl natürlich mit ihr. Auch bevor wir unsere kleine Anna hatten, war die Weihnachtszeit für mich irgendwie magisch. Trotz all des Kitsches, Trubels, Kaufrausches und Wahnsinns, der oft auf der Straße herrscht, die Tage vor Weihnachten und die letzten Tage des Jahres fühlen sich irgendwie besonders an.

Früher waren sie es wohl auch schon – aber auf eine ganz andere Weise. Man behält nicht viel von seiner Kindheit, aber die Vorfreude aufs Christkind, die einem in die Nähe des Wahnsinns treibt, vergisst man wohl nie. Ich weiß noch zu gut, wie mich irgendwann dann ein anderes Kind aufgeklärt hat. Er hatte seine Eltern dabei ertappt, wie sie den Weihnachtsbaum und die Geschenke herbeigeschafft haben – und nicht das Christkind. Meine einzige, absolut logische Schlussfolgerung in diesem Moment war:

Was für ein armes Kind! Bei ihm müssen die Eltern die Geschenke erledigen und nicht wie bei mir das Christkind!

Ich war noch nicht so weit mich von dem Gedanken zu verabschieden, dass dieses Fest nicht so magisch ist, wie ich es mir vorstellte. Ich weiß nicht, wie lange ich tatsächlich noch an das Christkind geglaubt habe. Irgendwann bin wohl auch ich älter geworden und habe mir damals vorgenommen meine eigenen Kinder niemals so zu belügen.

Und heute? Nun ja, noch ist es zu früh. Unsere Kleine wird ihr erstes Weihnachten wohl nicht in Erinnerung behalten, wir müssen uns daher keine große Mühe machen ein Christkind vorzuspielen. Dafür werden wir dieses Jahr niemals vergessen. Das erste Weihnachten als Familie und sicher nicht das Letzte. Der Kabarettist Josef Hader führt bei seinem Plädoyer gegen eigene Kinder als einzig Positives das Strahlen der Kleinen zur Weihnachtszeit an:

„Gut, zu Weihnachten wär's schöner - aber wegen den paar Tagen…."

Ich frage mich, wenn schon der Rest des Jahres umwerfend war, wie werden dann erst diese Tage? Ja, ich freue mich – und wir zelebrieren. Nicht mit viel Weihnachtsschmuck oder Dekoration, aber als Familie. Heute ein Brunch mit Freunden. Übermorgen ein gemeinsames Essen (nur wir Drei). Dann geht es nach Tirol zu unseren Familien und den Freunden aus Kindheitszeiten.

Selbst wenn „Last Christmas" das erste Mal im Radio gespielt wird, läuft mir heute kein kalter Schauer mehr über dem Rücken und ich freue mich auf mein persönliches Weihnachtslied-Highlight: „Something about Christmas time" von Bryan Adams. Nichts fasst meine gefühlt für diese paar Tage besser zusammen als diese paar Zeilen:

…to see the joy in the children's eyes

the way that the old folks smile

says that Christmas will never go away

20. Dezember

Die Entwicklung und Fortschritte erfolgen sprunghaft. Ja, es war mir bewusst, dass es immer Phasen von langer Konstanz und schnelle Sprünge der Veränderung geben würde. Aber im Moment geht mir das fast ein wenig zu schnell.

Selbst sieht man die Veränderung oft nicht. Man hat die Kleinen doch täglich vor Augen und ist daher oftmals blind. Doch wenn man dann hin und wieder fast gleichaltrige Kleinkinder trifft und diese vergleicht, wird einem einiges erst richtig bewusst.

Anna hat einen unglaublichen Entwicklungssprung in den letzten drei Wochen durchlebt. In dem Moment, in dem das Krabbeln endlich geklappt hat, stand ihr die Welt offen. Auf allen vieren wird jetzt das Haus durchquert, auf der ständigen Suche nach Wissen und neuen Erfahrungen.

Insbesondere der DVD-Player hatte es ihr angetan. Gemeinsam mit David, der auf Besuch war, wurden gleich einmal alle DVDs im Zimmer verteilt. Zudem gibt es nichts Schöneres als die kleinen Lautsprecherboxen umzuwerfen. Der Player selbst ist aber das absolute Highlight. Irgendwie haben die beiden es letztens geschafft, das Radioprogramm so zu verstellen, dass ich fast eine halbe Stunde gebraucht habe, dieses wieder in den Griff zu bekommen. Auch das Einschalten des Fernsehers ist kein Problem mehr für sie. Ich wusste davor gar nicht, dass dies über den DVD-Player überhaupt möglich ist.

Auch sonst wird alles zerlegt, begutachtet und geschmacklich verkostet, was sich in einer Höhe bis zu 50 cm finden lässt. Nur die Katzen sind noch einen Funken schneller und sprinten immer in letzter Sekunde davon, wenn sich ein Kleinkind nähert.

Dabei handelt es sich wohl um den gesunden Überlebensinstinkt.

Aktivitäten und Interaktion zwischen den beiden sind jetzt auf einem ganz anderen Level. Dies fällt einem besonders auf, wenn man ein anderes Kind beobachtet, dass sich noch nicht kunstvolle auf allen vieren bewegt. Erst jetzt fällt mir auf wie gelangweilt und auch langweilig diese Zwerge oft nur herumliegen. Was hat mich daran früher so fasziniert? Wie konnte ich nur begeistert einen solchen faden Winzling stundenlang beobachten? Auch als Vater wird man wohl schnell anspruchsvoller.

Allein vor Unfällen ist man nicht mehr gefeit. Ein Umkippen und Sturz auf den Kopf kommen leider öfters vor. Und man ist nicht sicher, ob man sie retten soll oder dies als Lernerfahrung zulassen muss. Allein beim Krabbeln neben mir auf der Couch sollte man auf jeden Fall eingreifen. Hier bewegt sie sich schon mit hoher Geschwindigkeit direkt auf die Kante zu und macht davor nicht halt. Ein Verhalten, das sehr an Lemminge erinnert und ich frage mich, warum die Natur hier nicht irgendeinen Sicherheitsmechanismus oder Selbstschutz eingebaut hat? Wirklich clever ist das nicht. So muss man aufpassen, dass der nächste Entwicklungssprung ein Sprung vorwärts und nicht in den Abgrund ist.

23. Dezember

So, jetzt ist es soweit. Der Moment, vor dem wir uns lange gefürchtet haben ist eingetreten – unsere kleine Maus ist krank. Zum allersten Mal krank. Irgendwann musste es ja einmal so weit sein, warum dann nicht vor Weihnachten?

Über eine Woche hat Sonja eine Bronchitis mit sich herumgeschleppt, jetzt hat es leider unsere Kleine erwischt. Das heißt verstopfte Nasen, röchelnde Atmung und Fieber. Mittlerweile hat unsere Süße eine stimmt wie Gianna Nannini. Trotz allen Mitleids - es hört sich leider auch zuckersüß an, wenn sie mit der verrauchten Stimme vor sich herplappert.

Die letzten Nächte waren dafür hart. Dauernd kontrolliert man, ob alles noch halbwegs in Ordnung ist. Jedes Mal, wenn der Schnuller verlorengeht, gibt es einen lauten Aufschrei und auch sonst ist der Schlaf sehr, sehr unruhig – und leider nicht nur ihrer.

Zudem üben wir uns in der hohen Kunst des Fiebermessens. Am Puls der Zeit haben wir uns ein Fieberthermometer angeschafft, welches man nur an die Stirn halten muss. Funktioniert auch exzellent - wenn sie gesund ist. Im Moment schwankt allerdings der Fieberstand zwischen 37,1 und 40,7 Grad bei einer einzigen Messung – abhängig davon, an welchem Punkt man das Thermometer ansetzt. So sind wir dann doch wieder auf die gute altmodische Art - anal - umgestiegen. Die Temperatur hält sich jetzt meist unter 39 Grad – somit noch relativ OK.

Und bei jeder Fiebermessung muss ich an die urbane Legende über die Packungsbeilage von Johnson und Johnson Rektalthermometern denken. In der heißt es, wenn man einen schlechten

Arbeitstag hinter sich hat, soll man es sich auf der Couch gemütlich machen und im Beipackzettel folgende Zeilen lesen:

"Every rectal thermometer made by Johnson and Johnson is personally tested and then sanitized."

Daraufhin denkt sich wohl jeder:

"I am so glad I do not work in the thermometer quality control department at Johnson & Johnson."

Ich hoffe nur, bei Babythermometern gibt es hier keine Kinderarbeit.

Zumindest habe ich nach drei Tagen endlich den Eindruck, dass die Behandlung anschlägt. Insbesondere der Inhalator zeigt seine Wirkung. Der aufsteigende Rauch aus der Maschine hatte zuerst nicht gerad Begeisterungsstürme bei unserer Kleinen hervorgerufen. Mit großer Skepsis wurde dieses rauchende Ding begutachtet. Aber nach vermehrter Anwendung lässt sie sich den Aufsatz jetzt auch brav über Mund und Nase legen. Und unsere Kleine schaut dabei aus wie Darth Vader – oder entsprechend ihrer Generation – eher wie Kylo Ren.

Jetzt heißt es bangen, ob die Genesung schnell genug voranschreitet, sodass sich ein gemeinsames Weihnachtsfest mit ihrem Cousin noch ausgeht. Anstecken möchten wir klein Lukas nicht, aber ein Weihnachten mit beiden Zwergen wäre schon was Schönes.

INFOBOX – ATEMWEGSERKRANKUNGEN

Es ist und bleibt ein Glück, vielleicht das Höchste, frei atmen zu können.

Quelle: Theodore Fontane

Die Atmung gehört zu den wesentlichen Grundfunktionen des menschlichen Körpers und dient zum einen dazu den Sauerstoff aus der Luft in das Blut abzugeben, zum anderen Kohlendioxid aus den Lungen nach außen zu befördern. Naturgemäß ist die Atmung als zentrale Funktion angreifbar. Dabei besteht zum einen eine Reihe akuten Atemwegserkrankungen (Erkältung, Grippe, Mandelentzündung, Kehlkopf- und Nebenhöhlenentzündungen, akute Bronchitis oder Lungenentzündung) zum anderen chronische Erkrankungen (Asthma, chronische Bronchitis, COPD oder Lungenkrebs). Die häufigsten Erkrankungen sind dabei Entzündungen der Atemwege.[76]

Bei Neugeborenen ist die Atmung besonders kritisch. Die anfängliche Atmung von Säuglingen erfolgt ausschließlich durch die Nase. Die Zunge eines Neugeborenen füllt den gesamten Mundraum aus und berührt gleichzeitig den Mundboden und den Gaumen. Der Mundraum ist klein und das Bewegungsausmaß der Zunge begrenzt, somit ist eine Atmung durch den Mund nicht möglich. Erst mit zirka einem halben Jahr, erweitert sich der Mundinnenraum und die vertikale Richtung verlängert sich.[77] So können Babys zwar im Liegen trinken – was Erwachsen nicht mehr möglich ist – allerdings nicht durch den Mund atmen.

Auch bei dem sogenannten plötzlichen Kindstod (SIDS - Sudden Infant Death Syndrom) spielt wahrscheinlich die Atmung eine wesentliche Rolle. Auch wenn die Ursachen nicht endgültig geklärt sind, bestehen eine Menge an Maßnahmen, die das Risiko massiv reduzieren und mit der freien Atmung in Zusammenhang stehen:[78]

- rauchfreie Umgebung

---

[76] Quirgst, H.: Atemwegserkrankung; http://www.netdoktor.at/; 2015

[77] Kölsch, A.: Die Entwicklung des Mundes im Zusammenspiel von Atmen, Saugen, Kauen und Schlucken. Konzept der Myofunktionellen Therapie (MFT); in Elternforum 4; 1998

[78] Johanniter: Erste Hilfe beim Kind; 2014

- Schlafzimmertemperatur 16–18 °C
- Rückenlage zum Schlafen, auch keine Seitenlage, wegen Gefahr des Drehens auf den Bauch
- Schlafen im Elternschlafzimmer
- feste, luftdurchlässige Matratze
- keine Gegenstände wie Tücher, Decken, Kuscheltiere im Bett
- passender Schlafsack, keine Kopfbedeckung
- keine zusätzlichen Decken, Felle, Kissen, Nestchen
- Stillen

Auch aus geschichtlicher Sichtweise spielen Atemerkrankungen in der Oberlieger der einschneidenden Ereignisse. Die wahrscheinlich tragische Spitzenposition bei den weltweiten Pandemien und Todesfällen hält bis heute die spanische Grippe von 1918 mit geschätzten 50 Millionen Todesopfern.[79] Somit übersteigt diese Seuche, bei der der Tod meist durch eine Lungenentzündung eintritt, die Todesfallschätzungen von Pest-Epidemien oder HIV (z. B. Pest von 1347–1353 mit ca. 25 Mio Toten, HIV / AIDS mit ca. 36 Mio Toten oder Covid-19 mit bestätigten 6,5 Mio bis zu geschätzten 20 Mio Toten bis heute).[80]

Erschreckenderweise ist es heutzutage schon mit relativ einfachen Mitteln möglich, vergleichbare Viren nachzubauen und eigene zu erschaffen. So haben Forscher des Erasmus Medical Centers in Rotterdam den gefährlichen Vogelgrippevirus H5N1 (Mortalitätsrate über 50 %) genetisch so modifiziert, dass er so leicht übertragbar ist wie ein normaler Schnupfen. Im Sinne des wissenschaftlichen Gedankenaustausches sollten alle Details zu dem Versuch, so wie der modifizierte Code selbst, in den Zeitschriften „Science" und „Nature" publiziert

---

[79] Johnson, N.; Mueller; J.: Updating the Accounts: Global Mortality of the 1918–1920 „Spanish" Influenza Pandemic. in Bulletin of the History of Medicine; 2002

[80] https://de.wikipedia.org/wiki/Liste_von_Epidemien_und_Pandemien

werden. Erst in letzter Sekunde wurde die Veröffentlichung von US-amerikanischen NSABB (National Science Advisory Board for Biosecurity) unterbunden.[81]

---

[81] Hackenbroch V.; Traufetter, G. MEDIZINETHIK - Killer aus dem Labor, in Der Spiegel; 2012

29. Dezember

Die besinnlichste Zeit des Jahres, mit so mancher Schlemmerorgie, haben wir gut überstanden. Sicherlich mit einigen Kilos mehr auf den Rippen, aber auch solchen Traditionen muss man treu bleiben. Dennoch war es diesmal anders – das erste Weihnachtsfest als richtige Familie.

Die erste offizielle Feier am 24sten gab es bei Sonjas Eltern. Hier versank unsere Süße im Geschenkemeer und nicht nur im metaphorischen Sinne. Von allen Geschenken wird mir wohl die bälle-werfende Micky Mouse in Erinnerung bleiben. Mit einer schrillen Stimme fordert sie jeden auf, Ball zu spielen. Und man bekommt bei der Aufforderung eher Lust Herrn Micky in seine „Balls" zu treten.

Ich bin aber auch seit jeher Donald-Duck-Fan. Mit diesem sympathischen Loser konnte ich mich immer schon besser identifizieren, als mit dieser neunmalklugen Maus mit der quickenden Stimme. Anna schein aber recht begeistert vom neuen Spielkameraden zu sein. So heißt es wohl Ohropax kaufen.

Am 25sten gab es dann die Gegenveranstaltung bei meinen Eltern. Hier mit zwei Zwergen, da mein kleiner Neffe Lukas auch mit dabei ist. Und natürlich noch mal ein riesiges Meer an Geschenken. Auch hier merkt man, dass die Verpackung doch immer viel spannender als der Inhalt ist. Denn mit Geschenkpapier kann man wirklich stundenlang spielen – kein Spielzeug kann da mithalten. Annas Hauptgeschenk, neben dem Papier, war vermutlich ein Schaukelpferd - um präzise zu sein, ein Schaukelesel. Dieser ist wirklich knuffig und entspricht eher meinen Vorstellungen eines sympathischen Losers. Liegt aber vielleicht auch daran, dass ich ihn für Anna ausgesucht habe.

Trotzdem schafft es mein Bruder bei dem Bericht über den heutigen Tag, den zwei Kleinen ein wenig die Show zu stehlen. Als charmanter Freund überließ er den morgendlichen Kleiderwechsel von Lukas seiner Freundin Steffi. Und diese durfte, sichtlich überrascht, folgende Zeilen auf Lukas Body lesen:

Auf dem Body fanden sich folgende Worte:

Papa lässt fragen,

ob Du ihn heiraten

möchtest?

Auf der Rückseite:

Ich will auch ein

Otti

sein!

Und nach Steffis richtigen Antwort haben wir somit nächstes Jahr noch eine Hochzeit, auf die wir gehen dürfen. Und Hochzeiten sich ja bekanntlich was Schönes (solang es nicht die Eigene ist).

Zum Abschluss des Feiermarathons gab es dann noch ein gemeinsames Essen mit allen vier Großeltern. Und ja, man fühlt sich danach schon ein wenig erschlagen. So ein Familienweihnachten ist nicht so ohne. Wie wird das wohl in den nächsten Jahren?

Solche „Feiertage" gehen an die Substanz, vor allem wenn alle schon davor etwas kränklich waren. Und so musste ich heute lernen, dass Kinderkrankheiten nicht auf Kinder beschränkt sind. Nach dem Verdacht einer allergischen Reaktion hat mich der Arzt aufgeklärt. Ich habe mir die Hand-Fuß-Mund-Krankheit eingefangen. Bis vor ein paar Wochen wusste ich nicht einmal, dass es diese Krankheit überhaupt gibt. Zudem tritt diese Krankheit insbesondere bei Kindern bis zu 10 Jahren auf – vielleicht habe ich mich ja gut gehalten. Sonja laboriert auch noch an ihrer Bronchitis herum und wir merken, dass Anna die Einzige ist, die sich wieder erholt hat. Die Jugend ist uns doch einen Schritt voraus und die nächste Kinderkrankheit lässt hoffentlich noch ein wenig auf sich warten.

FÜNFTER MONAT

01. Jänner

Der erste Tag des neuen Jahres und zugleich der letzte Monat meines Papabaticals. Die Silvesternacht beschließe ich mit einem Lächeln auf den Lippen, aber auch Zweifeln. Dies war ohne Frage das beste Jahr meines Lebens. Kann es da überhaupt noch eine Steigerung geben?

Die ersten Minuten im neuen Jahr verbringe ich in den Armen der zwei wundervollsten Frauen der Welt. Im Walzertakt mit Sonja und Anna tanzen wir der Zukunft entgegen. Das Feuerwerk strahlt durch das Fenster herein. Alle anderen befinden sich gerade auf der Terrasse und bewundern das Lichtermeer im Freien. Nachdem wir unsere Süße gerade aus dem Traumland geholt haben, wollten wir ihr nicht auch noch die Kälte draußen antun. Und es ist auch so wunderbar. Wirklich erwacht ist unsere Süße ohnehin nicht und auch das laute Knallen lässt sie eher kalt. Für uns ist es aber ohne Frage ein Moment, den wir wohl nie vergessen werden.

Überhaupt merkt man als Eltern, dass man sich in den unglaublichsten Moment suhlen kann. Die letzten Wochen hatte unsere Kleine mit ihrer ersten Krankheit hart zu kämpfen. Man leidet mit. Aber irgendwie genießt man es auch, dass sie einen braucht. Vor der Krankheit hat sie einfach alles und jeden angelächelt. Auch im Fieber war ihr das Lachen nicht zu nehmen. Aber sie lässt sich bei einem Schreikrampf nur noch von Sonja und mir beruhigen. Die Großeltern beißen zumeist auf Granit.

Es ist absurd, worüber man sich freut. Bei Oma oder Opa kommt unsere Kleine aus der Heulspirale nicht mehr heraus, nehmen wir sie aber wieder auf den Arm, ist in Nu das Lachen zurückgekehrt. Richtig schuldig fühle ich mich, wenn ich mich dabei ertappe solche Momente bewusst herbeizuführen: Nur kurz ins Zimmer reinschauen - Anna, die gerade mit Oma spielt, ein Lächeln zuwerfen - und dann das Zimmer wieder verlassen. Schon hört man einen Schrei und fühlt sich so gebraucht! Es ist schrecklich und wunderbar zu gleich. Nur ich kann jetzt als Retter herbeieilen und unsere Süße wieder beruhigen.

Ich habe immer gehört, Eltern seien traurig, wenn die Kleinen zum Fremdeln anfangen. Glaubt mir, das ist nur scheinheilig! In Wirklichkeit gibt es nichts Schöneres als zu merken, dass gerade Du gebraucht wirst. Niemand anderes kann diese Rolle übernehmen. Klar wollen wir, dass die Kleine mit unterschiedlichen Bezugspersonen zurechtkommt. Aber uns soll sie bitte schon noch am meisten liebhaben!

So freue ich mich, dass unsere Kleine jetzt Personen differenziert betrachtet. Schön, wenn sie allen Menschen ein Lächeln entgegenbringt. Noch schöner, wenn sie nur uns richtig an sich ranlässt und fest umschlingt. Und irgendwie ist es ja etwas Gutes zu anderen Personen auch eine gewisse Distanz aufzubauen.

So beschließe ich den ersten Tag des neuen Jahres mit einem neuen Highlight. Wieder zurück im Osten (zu Hause), wird unsere Maus vor dem Schlafen von Sonja noch gebadet. Als sie schon fertig abgetrocknet ist, komme ich ins Bad und sie wirft mir ein Lächeln zu. Und dann bleibt mein Herz stehen. Ganz klar, zum aller ersten Mal, plappert sie das Wort:

„Pa-pa"

Dabei blickt sie mich verzaubernd an. Falls die Laute nur Zufall war, war es für mich der schönste Zufall der Welt. Ja, das Leben bietet doch immer noch unerwartete Steigerungen.

INFOBOX – FREMDELN

Wenn Du mich einmal verlässt, darf ich dann bitte mitkommen?

Quelle: Unbekannt

Das Fremdeln ist ein normaler Entwicklungsschritt bei Säuglingen und beginnt in der Regel zwischen dem vierten bis achten Monat. Dabei ist diese Verhaltensweise auch als 8-Monats-Angst bekannt, weil es in diesem Alter meist offensichtlich wird, dass Kinder zwischen direkten Bezugspersonen und Dritten unterscheiden. Aber auch davor können Kinder sehr wohl zwischen vertraute Personen und Fremden differenzieren.[82]

Das Fremdeln ist zwischen 8 und 36 Monaten am stärksten ausgeprägt. Erst nach dem dritten Lebensjahr nimmt diese Trennungsangst wieder ab. Mit diesem Verhaltensmuster ist der Mensch nicht grundsätzlich allein. Wie die meisten Tiere hat auch der Homo sapiens ein ausgeprägtes Distanzverhalten. In einer unsichtbaren, aber wohl definierten Sicherheitszone fühlt er sich geborgen. Wenn eine fremde Person in diese Zone eindringt, löst dies Aggression oder Fluchtbewegung aus. Ein Verhaltenszug, der nicht nur auf Kinder beschränkt ist. Der Abstand, der respektiert werden soll, ist von Individuum zu Individuum unterschiedlich und auch situationsabhängig. Mutter oder Vater bestimmen aber mit ihrem Verhalten gegenüber Dritten auch mit, wie ein Kind mit dem Eindringling umgeht.[83]

---

[82] Largo, R.: Babyjahre, 2010

[83] Largo, R.: Babyjahre, 2010

04. Jänner

Unsere Süße hat die erste Krankheit gut verdaut und der Appetit ist wieder da. Ich kann mir gar nicht mehr vorstellen, welche Kämpfe wir noch vor wenigen Monaten ausgetragen haben. Damals war es schon ein Ding der Unmöglichkeit meist nur einen einzigen Bissen in den Mund zu platzieren. Dass das Essen dortbleibt, war noch eine ganz andere Geschichte.

Heute haben wir einen Rhythmus von drei festen Mahlzeiten am Tag. Fest heißt natürlich Brei. Nach einem Jahr sollte man ja die Kleinen so weit haben, dass sie beim normalen Familienessen mitnaschen können. Ich glaube, wir sind auf gar keinen so schlechten Weg.

Wir haben bereits viel dazu gelernt und die Essstrategie wird ständig optimiert. Die erste Erkenntnis war, dass ein Mischen von Speisen Wunder bewirken kann. Süßkartoffeln sind Annas große Liebe, aber für eine ausgewogene Ernährung reicht das nicht. Allerdings lassen sich mit Süßkartoffelstücken auch Dinge wie Rote-Rüben verkaufen.

Generell variiert das Essensprogramm jetzt mehr. Zum Frühstück und Abendessen gibt es jetzt meist einfach frischen Obstbrei. D. h. eine zerquetschte Banane oder Kiwi wird schnell angerührt und eventuell noch mit Pre-Milch garniert. Ansonsten gibt es auch schnell mal eine Brotrinde oder rohes Gemüse wie Paprika zum Knabbern.

Gestern haben wir dann den zukünftigen Klassiker zum ersten Mal versucht: Spaghetti! Gut, die Nudeln habe ich schon etwas zerkleinert. Die Soße war einfach nur Tomaten und Huhn – ganz ungewürzt – aber es hat gemundet. Und nachdem etwas übrig-geblieben ist, kann ich bestätigen, dass es essbar war.

Jetzt muss Anna nur noch schnell lernen, wie die Mikrowelle zu bedienen ist und ich bin meinen Job los. Nachdem der DVD-Player eines von Annas Lieblingsspielzeugen ist, kann das wohl nicht mehr so lange dauern.

06. Jänner

Ich kann mich noch daran erinnern, wie eine gute Freundin im Zusammenhang mit Kindererziehung immer wieder über „Bodenhaltung" gesprochen hat. Ich war zwar eher immer ein Freund der Freilandhaltung – sowohl bei Hühnern wie auch bei Kindern – aber bei beiden ist die Bodenhaltung ein Schritt in die richtige Richtung.

Unsere Kleine ist jetzt vollkommen in ihrer Entdeckerphase angekommen. Alles und jeder muss erkundet, befühlt, betastet, gekostet und gekratzt werden. Nach Möglichkeit wird auch mit einem Gegenstand dagegen geschlagen. Dabei ist es egal ob es sich um einen Holzblock, eine Trommel, ein Stofftier, unsere Katzen oder mein Gesicht handelt.

Bekanntlich entwickelt sich die Empathie, das Hineinfühle in einen anderen, erst sehr viel später. So ist es jetzt leider noch nicht verständlich, warum die Katze nicht mit dem Holzblock „gestreichelt" werden will. Auch mit zwei Jahren wird sie wohl noch nicht einsehen, warum nicht jedes andere Kind über Schläge glücklich ist und Begeisterungssprünge vollführt. Das Hineindenken in andere Kinder wird wohl erst mit drei bis vier Jahren möglich sein.[84] Bis dahin müssen wohl noch einige leiden. Glücklicherweise sind unsere Katzen im Moment zumindest noch schneller.

Leider macht der Entdeckungsgeist auch nicht vor Abgründen halt. Setzt man unsere Süße auf das Sofa oder legt sie kurz in unser Bett, bewegt sie sich zielsicher dem Abgrund entgegen.

---

[84] Largo, R.: Babyjahre, 2010

Nichts kann sie aufhalten. Polsterbarrieren werden zielsicher überwunden oder geschickt umkrabbelt. Der Zug Richtung Gefahrenzone wie Lionel Messi zum Tor. Heroisch wirft sie sich dann der Tiefe entgegen. Man muss hier höllisch aufpassen, dass sie noch abgefangen wird oder gar nicht so weit kommt. Der Selbsterhaltungsschutz ist wohl deaktiviert. In dieser Verhaltensweise ähnelt sie klar einem Lemming. Mich wundert, dass die Menschheit mit solchen suiziden Tendenzen überlebt hat.

INFOBOX – LEMMINGE

Man muss Flügel haben, wenn man den Abgrund liebt.

Quelle: Friedrich Nietzsche

Lemminge werden gemeinhin als das Paradebeispiel für stupides Gruppenverhalten herangezogen. Diese, zur Mäusefamilie gehörenden Arten, sind in der arktischen Tundra beheimatet. Sie sind für ihre periodisch vorkommenden Massenwanderungen bekannt. Vermutlich auf Grund der starken Schwankungen in der Populationsdichte hat sich die Legende des Massenselbstmords entwickelt. Dies ist allerdings nach heutiger Lehrmeinung nicht korrekt.[85]

Vielmehr hat sich diese Anschauung in der Gesellschaft aber durch den Naturfilm „Weiße Wildnis" des Walt Disney Konzerns gefestigt. In dieser Dokumentation wird gezeigt, wie sich Massen von Lemmingen auf einen Abgrund zu bewegen und sich in die Tiefe stürzen. Nach Angabe des Sprechers stürzen sie sich von einem Todesinstinkt getrieben in die Schlucht eines Flusstals.

Nach Angaben des Journalist Brian Vallee aus dem Jahr 1983 sind diese Szenen allerdings durch die Filmemacher des Disney Konzerns gestellt worden, um die Legende publikumswirksam ins Bild zu setzen. Die Szenen sind im kanadischen

---

[85] Chitty, D.: Do lemmings commit suicide?; 1996

Bundesstaat Alberta gedreht worden, wo es tatsächlich keine Lemminge gibt. So wurden Tiere gekauft und zum Drehort geschafft. Um die entsprechenden Szenen abzulichten, wurden die Lemminge von den Disney Leuten in den Abgrund geschupst und geworfen. Danach wurde auch gefilmt, wie sie im Todeskampf im Wasser treiben. Ein Massenmord im Dienste der Illusionsfabrik Hollywood.[86]

---

[86] Drössler, C.: Tierquäler Disney; in Zeit Online; 1997

10. Jänner

„Zeit ist relativ!" Dieser, aus der einsteinschen Physik stammende Satz, wird leider heute allzu inflationär verwendet. Aber ja – er trifft leider auch allzu oft ins Schwarze. Insbesondere mit Kindern gewinnt die Relativität der Zeit eine neue Dimension. Nun aber genug des Missbrauchs physikalischer Phrasen....

Mehr als vier Monate meiner fünfmonatigen Auszeit sind schon vorüber. Um genau zu sein, habe ich jetzt noch genau 3 Wochen übrig. Eigentlich ein sehr langer Urlaub, aber es fühlt sich eher nur noch nach einem Wimpernschlag an. Und man merkt, wie einem die Zeit durch die Finger rinnt. Nach dem ersten Monat hat es sich noch wie eine Ewigkeit angefühlt. Alles war neu. Schnell waren viele große To-Does erledigt und ich hatte den Eindruck wirklich etwas weiterzubringen. Und dann setzt eine gewisse Routine ein. Wie immer im Leben. Aber viel schlimmer, es kommt noch Trägheit hinzu. Dinge, die man anfangs schnell erledigt hat, schiebt man vor sich her. Man hat ja genug Zeit – das kann man ja noch alles später erledigen!

So vergehen die Tage und Wochen. Manches große Ziel wird auf später verschoben und irgendwann auf Eis gelegt. Das Ausmisten eines Raums, die Ablage in einem Ordner, Klavierspielen lernen – kleine oder große Dinge. bei denen man sich eingestehen muss:

Wenn ich es in 5 Monaten nicht zuwege bringe,

werde ich es wohl in meinem ganzen Leben nicht mehr schaffen.

Ja, aber vielleicht ist es auch nicht so wichtig. Eines meiner Lieblingszitate der Managementlegende Jack Welch lautet ja auch:

„Do first prioirty things first, do second priorty things never!"

So ist sich nicht alles ausgegangen, was ich schaffen wollte. Vermutlich werde ich nie Klavierspielen lernen und mancher ungeordnete Karton wird wohl meinen Erben überlassen. Beruflich kehre ich fürs Erste in die gleiche Position zurück – warum auch nicht? Es könnte mir mit Sicherheit schlechter ergehen. Irgendwie freue ich mich sogar wieder auf die Arbeit – absurd, aber wahr! Ein paar Dinge wurden ja auch erreicht. Mein Buch ist auf der Zielgeraden und ich hoffe, den ersten Entwurf noch abschließen zu können. Manche Projekte oder gemeinnützigen Tätigkeiten konnten abgeschlossen werden.

Wichtiger aber ist, dass ich viel Zeit mit meiner Süßen verbringen durfte und noch darf. Zudem merke ich, wie gegen Ende noch einmal Schwung und Energie dazu kommt. Manche Sachen werden noch schnell erledigt und das fühlt sich gut an. Es ist wie bei jedem größeren Firmenprojekt. Am Anfang hat man Schwung, ist mit Elan dabei und es werden schnell Ergebnisse erzielt. Dann kommen die ersten Hürden, die Motivation sinkt und man schiebt wichtige Entscheidungen und knifflige Herausforderungen vor sich her. Diese kann man ja noch später lösen, wenn man die passende Antwort gefunden hat. Dann erkennt man, dass man mit dem Projekt hoffnungslos im Verzug ist und beginnt wieder pragmatisch zu agieren. So werden die wesentlichen Projektergebnisse wohl in den letzten 20 % der Projektzeit erzielt. Das ist leider nie schön, meist stresserfüllt, aber menschlich.

So gebe ich jetzt noch einmal Gas. Genieße die intensive Zeit der letzten Wochen. Ein Urlaub steht ja auch noch an. Und ich freue mich, dass ich die beste Zeit meines Lebens hatte.

14. Jänner

Beim Packen vor jeder Reise hatte ich immer nur eine Standardfrage:

Reisepass und Kreditkarte hast Du? Der Rest ist nicht so wichtig...

Tja, das war einmal. Früher war ich mir sicher, dass man sonst nichts mehr auf einer Reise braucht. Im Zweifelsfall kann man ja ohnehin alles Wichtige überall auf diesem Planeten kaufen. Also alles kein Problem – zumindest, solange man kein Kind dabeihat. Das ändert bekanntlich alles. Und das gilt insbesondere für das Reisevergnügen.

Gut, dass kein klassischer Rucksacktourismus mehr möglich ist, war mir ohnehin klar. Aber man glaubt nicht, was für eine logistische Herausforderung ein längerer Urlaub mit einem 9 Monate alten Baby sein kann.

Die Zielsetzung: Ein paar Tage in Tirol bei der Familie verbringen. Dann mit dem Flugzeug von München über Dubai nach Mauritius. Nach 2 Wochen geht es wieder zurück, um die Taufe von Annas kleinem Cousin Lukas zu feiern.

Die Herausforderungen:

1. Vollständige Bekleidung für den Winter (in Tirol haben wir ca. 1 ½ Meter Schnee) und Hochsommer (auf Mauritius hat es 30 Grad im Schatten).
2. Equipment für längere Autofahrt, Aufenthalt in Tirol, Fahrt nach München und 2 x 2 Flüge
3. Verpflegung für Tirol, einen langen Flug und Auslandsaufenthalt

4. Feierliches Outfit für die Taufe

Die Fahrt Richtung Berge und der Aufenthalt ist schon mehrfach erprobt. Unsere Süße ist begeisterte Autofahrerin – ich kann es mir gar nicht vorstellen, wie es ist, wenn dem nicht so wäre. Das Auto samt Dachträger ist gerammelt voll – diesmal auch schon ohne Katzen – und ich kann mir einfach nicht vorstellen, wie es jemals möglich sein sollte hier zwei oder mehr Kinder samt Gepäck reinzubringen. Ich muss mich dann wohl mit dem Gedanken anfreunden, dass der Dachträger doch auch als Personentransportcontainer eingesetzt wird.

Die eigentliche Herausforderung ist aber ohne Zweifel der Flug. Durch das Athen-Wochenende haben wir hier schon etwas Erfahrung sammeln können. Dies ist auch gut so, denn im Kampf mit Security Kräften sollte man nicht als Greenhorn auftreten.

Das Glück ist, dass beim Reisen mit Kindern alle in Stein gemeißelten Regeln, außer Kraft gesetzt werde. Nein, man muss sich schön brav bei der Security-Kontrolle einreihen. Außer man hat ein Kind dabei - dann darf man durch die Priority Abfertigung. Nein, man darf keine Flüssigkeiten mit an Bord nehmen. Außer sie sind für die Kleine, dann natürlich schon! So sind unserer Rucksäcke fürs Handgepäck vollgefüllt mit Wasserflaschen, Edelstahlwärmflaschen, Windeln, Milchpulver, Babybreiflaschen, Wickelzeug etc. Ich habe kurz überlegt, ob man es mir abnimmt, wenn ich behaupte, die Flasche Whisky ist für die Kleine – zur Beruhigung oder als Desinfektionsmittel – ob das klappen könnte?

Auf jeden Fall sind auch die Mengen an Sachen nicht so leicht zu transportieren. Zudem reichen die zwei 0,3 Liter Thermosflaschen für die lange Reise nicht aus. Es sind doch gute 24 Stunden von der Abfahrt in Tirol bis zur Ankunft am Zielort. So rechnen

wir damit, dass wir ordentliches, warmes Wasser im Flieger bekommen und dass der Brei auch fachmännisch von den Flugbe-
leitern zubereitet wird. Mit unseren Warmwasservorräten ist
sonst kein Auskommen.

Bei der Langstrecke greifen wir bei der ersten Etappe auch auf
die Babywanne im Flugzeug zurück - ein Babybett, das vor der
ersten Reihe im Flugzeug angeschraubt wird. Wichtig ist hier,
dass man Spezialplätze in der ersten Reihe über die Hotline der
Fluglinie bucht.

In der Wanne schläft unsere Maus dann auch kurz. Ansonsten
wird sie eher als Abstellfläche genutzt. Das Ding hat nämlich
zwei essentielle Nachteile: Erstens muss man die Kleine bei jeder
leichten Turbulenz wieder herausnehmen und mit der Gurter-
weiterung auf den Schoß anschnallen. Und zweitens lassen sich
die Monitore für das Bordentertainment-Programm nicht mehr
herausklappen.

Ja, ich muss gestehen, dass ich die Möglichkeit unserer dösenden
Kleinen kurz nutzen wollte, aber nichts da. Kein Bordkinofilm
als Urlaubseinstieg mehr – tja, soll nichts Schlimmeres passieren…

16. Jänner

Beim Buchen der Reise hatten wir mit viel Gegenwind zu kämpfen. Wie kann man mit einem so kleinen Kind ins Ausland fahren? Und dann noch so weit weg? Ich müsste lügen zu behaupten nicht gehadert zu haben. Die Auswahl der Destination haben wir uns nicht einfach gemacht. Gute medizinische Infrastruktur. Nicht zu lange Flüge. Ähnliche Zeitzone. Keine sonstigen gesundheitlichen Risiken oder erforderlichen Impfungen.

Dennoch hört man von vielen, dass es nicht sein muss! Gut, was muss sein? Meine Schwiegermutter hat doch konsequent über Wochen versucht, uns die Reise auszureden. Gut, selbst ist sie nie länger als 3 Stunden am Stück in einem Flugzeug gesessen – da hat mal wohl mehr Respekt vor Langstreckenflügen. Aber auch meine Mutter sprang mit Begeisterung auf diesen Gehirnwäschezug auf. Ebenso findet man in Internetforen teilweise sehr militante Aussagen von Kinder-Flug-Kritikern.

„In Jesolo ist es doch auch sehr schön!"

Nun ja, darüber lässt sich im Sommer sicherlich trefflich streiten, im Jänner aber sicherlich nicht. Ich rede mir ein, dass diese Interneterzieher wohl auch die gleichen militanten Impfgegner sind, die Gentechnik als das Werk des Satans sehen und der Evolutionstheorie ähnlich positiv gegenüberstehen, wie ein durchschnittliches Mitglied der Tea-Party-Bewegung.

Trotz allem haben wir uns dann doch zu der Reise durchgerungen. Auch auf Grund positiver Erfahrungsberichte, wie der von einem Arbeitskollegen, der mit seiner 6-Monate alten Tochter unlängst selbst auf Mauritius war.

Nun sind wir auf dieser wunderschönen Insel im Indischen Ozean angekommen. Das Ressort ist perfekt, der Flug gut überstanden – ganz ohne quengeln. So weit, so gut, doch leider hat es jetzt unsere Süße erwischt. Kurzzeitig hatte sie 39,6 Grad und nun fiebert sie so vor sich hin. Sie trinkt brav, isst sogar ein wenig, spielt munter vor sich hin – doch ich sehe das Lächeln der Kritiker vor meinem inneren Auge:

„Haben wir es Euch nicht gesagt?"

Wahrscheinlich waren die Reise und die neuen Eindrücke doch etwas viel - sicherlich auch der wenige Schlaf. Aber man macht sich Gedanken. War man selbst zu egoistisch? Wollte man zu viel? Ich rede mir ein, dass es speziell am Anfang wichtig ist neue Eindrücke zu gewinnen. Auch die Abwehrkräfte werden doch durch eine Reise gestärkt? Aber was ist wirklich richtig oder falsch?

So verbringen wir den ersten Urlaubstag im Zimmer mit unserer Süßen. Und trotz allem könnte ich mir nichts Schöneres vorstellen, als die Zeit mit meinen zwei Traumfrauen hier zu verbringen. So schnell lassen wir uns nicht runterkriegen.

17. Jänner

Noch heute bin ich fasziniert von anderen Kulturen, unterschiedlichen Weltbildern und anderen Ideologien – aber auch von den kleinen Unterschieden, die man im Ausland vorfindet. Sicher, die Abenteuerlust beim Reisen weicht mit dem Alter dem Wunsch nach Komfort. Dennoch, nichts hat mich wohl mehr geprägt als im Ausland zu leben. Seien es die Monate die ich in Italien, Indien oder den USA gelebt und gearbeitet habe oder einfach nur die Geschäftsreisen nach Zentral- und Osteuropa.

Erst wenn man wo anders lebt, hat man die Möglichkeit das Land wirklich zu entdecken und den touristischen Einheitsbrei ein wenig zu entfliehen. Oder man kommt aus anderen Gründen von der touristischen Hauptstraße ab und muss sich einfach irgendwie durchschlagen. So absurd es klingt, es ist auch spannend die kleinen oder großen Herausforderungen des Alltags im Ausland zu meistern.

Der Anlass heute war leider nicht so erfreulich. Nachdem unsere Süße den zweiten Tag in Folge stark fieberte, haben wir uns entschlossen einen Kinderarzt aufzusuchen. Dank Internet ist auch schnell einer gefunden – die Bewertungen sind ausgezeichnet und ein Taxi schnell organisiert.

Dennoch, es ist ein ungutes Gefühl in einem anderen Land einen Arzt aufzusuchen – noch dazu einen Kinderarzt. Wobei, ein Arztbesuch ist wohl nie das Highlight der Woche. Aber die Ordination ist sauber und wirkt professionell. Aus einem Behandlungsraum strahlt uns eine prall gefüllte, medizinische Bibliothek entgegen. Nicht unbedingt ein schlechtes Zeichen. Die Bücher sehen sogar nach Fachbüchern aus.

Dass dies nicht immer der Fall sein muss, haben wir einmal bei einer Philippinenreise erfahren dürfen. Bei dem Besuch eines dortigen Anwalts, wollte dieser wohl auch mit seiner Büchersammlung im Büro glänzen. Erst auf den zweiten Blick mussten wir schlucken. Das Regal war zur hälft mit John Grisham Romanen gefüllt. Auch wenn seine Werke oft juristische Handlungsfäden enthalten, sind sie wohl nicht unbedingt Fachliteratur. Sicher, dieser US-Autor hat meines Wissens sogar Jura studiert, aber ich würde auch nicht als Astrophysiker arbeiten, nur weil ich „Eine kurze Geschichte der Zeit" von Stephan Hawkings gelesen habe.

Unser Arzt hier wirkte im Gegensatz dazu sehr kompetent. Nur manche Frage ist mir etwas übel aufgestoßen: Warum unsere Kleine mit 9 Monaten denn noch nicht klatschen kann? Bei so was sind Eltern doch sehr sensibel. Die Diagnose: eventuell bakterielle Entzündung. Wir sollen noch abwarten, wenn es aber nicht besser wird, können wir ein Antibiotikum geben. Sehr unwahrscheinlich, aber möglich: Röteln oder Masern (Der englische Begriffe Rubella für Röteln sagte uns erst nichts, aber mit Händen und Füßen kommt man dann doch irgendwie zusammen).

Nach dem Arztbesuch war unsere Kleine extrem gut drauf – und wir auch etwas erleichtert, da es zumindest nichts Schlimmeres war. Jetzt heißt es mit unserer kleinen Kämpferin gemeinsam schnell gesund werden. Zudem denke ich, dass dies wohl die Erfahrung ist, die mir von dem Urlaub in Erinnerung bleiben wird – tja, so ist das Leben.

20. Jänner

Das sind also Fiebernächte! Jede Stunde messen und beten, dass das Fieber nicht wieder hochschießt. Bis jetzt waren wir wirklich sehr verwöhnt mit unserer Süßen, aber auch jetzt, mit fast 40 Grad Fieber, ist sie der Fels in der Brandung.

Im Grunde ist es faszinierend zu beobachten, wie sich die Fieberkurve entwickelt. Als fiebersenkende Mittel geben wir, laut Empfehlung des Arztes, abwechselnd Nurofen (in der Kanüle) und Ben-u-ron (Zäpfchen). Dann sinkt das Fieber auch relativ schnell wieder auf einen Wert knapp um die 38. Dies hält auch für 6 bis 8 Stunden, dann schießt die Temperatur innerhalb weniger Minuten wieder nach oben.

So waren wir schon der Meinung es endlich überstanden zu haben, als wir nach genau 8 Stunden immer noch 37,5 hatten - für kleine Zwerge absolut okay. Aber „Denkste!" - 40 Minuten später waren wir wieder bei 39,9 Grad. Da weiß man als Eltern wieder, Schlaf ist vollkommen überbewertet.

Gut, wir hätten uns schon Antibiotika gekauft, aber die will man doch so lange als möglich vermeiden. Insbesondere sollen ja auch die eigenen Abwehrkräfte gestärkt werden - auch wenn es wirklich hart ist unsere Kleine leiden zu sehen. Manchmal für die Eltern sogar schlimmer als fürs Kind.

So versuchen wir es noch ein allerletztes Mal. Noch mal 8 Stunden mit Zäpfchen und wenn dann das Fieber wiederkommt, kommt das Antibiotikum zum Einsatz. Dann Stunde 9 - nichts - Stunde 10 - leicht erhöhte Temperatur, knapp über die 38 Grad – noch mal eine Stunde abwarten - immer noch konstant - eine Spur niedriger als sonst, aber wirklich eine Verbesserung? So geht es noch weitere Stunden, bis wir nach 24 Stunden bei 37,3 sind - aufatmen. Das war ein harter Kampf, aber ja, wir haben es geschafft. Vielleicht war auch der Anruf bei unserem Kinderarzt daheim ausschlaggebend, bei dem wir uns eine Zweitmeinung einholen wollten:

Im Urlaub geben die Eltern schnell mal Antibiotika, dann haben sie ihre Ruhe.

Andere vielleicht - wir nicht!

25. Jänner

Die Krankheit unserer Kleinen ist überstanden und der Urlaub kann starten. Keine großen Highlights, aber dies und jenes. Die Tage gewinnen an Konturen, wenn man ihnen einen Rahmen gibt. Dies bedeutet für uns, um 7:30 aufstehen. Eigentlich erst um 8:00, aber um 7:30 versuchen wir es das erste Mal - gut Ding braucht Weile.

Danach geht es mal mit der Kleinen in den Pool (wir haben es auch schon mal morgens ins Meer versucht, aber das Wasser ist doch noch überraschend frisch, was von unserer Süßen nicht wirklich goutiert wird). Dort werden ausgiebig ein paar Runden gedreht. Das alles unter den schmachtenden Blicken der anderen Gäste, die zum Frühstück eilen. Man darf mich kleinkariert und borniert nennen, aber ich bin schon immer mächtig stolz, wenn andere unsere Kleine aufrichtig bewundern!

Dann Frühstück und zurück ins Zimmer. Über Mittag ist es doch zu heiß, um unsere Kleine der direkten Sonneneinstrahlung auszusetzen. So bleiben wir meist abwechselnd mit unserer Süßen im Schatten auf der Terrasse. Sonja gibt sich vormittags noch eine animierte Runde Wassergymnastik im Pool – läuft für mich unter dem Titel Schwangerschaftsgymnastik – sollte man aber besser nicht laut sagen.

Nach dem Mittagessen stand dann in den letzten Tagen die Inselerkundung an. Mit Mietwagen und Babysitz ist man ja mobil. Die Fahrverhältnisse sind OK und auch die Einheimischen fahren, entgegen allen Warnungen die man als Tourist hier immer hört, sehr zivilisiert. Netterweise erinnert mich Sonja auch regelmäßig daran, Links zu fahren. Dies klappt auch im Grunde sehr gut. Das einzige Problem beim Linksfahren habe ich nur jedes Mal beim Abbiegen oder Spurwechsel. Es geht in meinen Kopf nicht hinein, dass der Blinker und der Hebel für den Scheibenwischer genau verkehrt herum angeordnet sind. Somit rattert der Scheibenwischer regemäßig, über die trockene Scheibe, wenn ich jemand davon in Kenntnis setzen will, dass ich doch gerne die nächste Abbiegung nehmen würde. Ich hoffe, ich werde nicht bald von einem Polizisten, mit dem Verdacht auf Alkohol am Steuer, dafür aus dem Verkehr gezogen.

So haben wir jetzt den Osten und den Süden der Insel ein wenig erkundet. Gestern durften wir Kinder dabei beobachten, wie sie sich wagemutig einen 7 Meter hohen Wasserfall hinunterstürzten. Ein Anblick, der mir in zweierlei Hinsicht zu denken gibt. Zum ersten wäre ich vor wenigen Jahre auch darunter gesprungen – doch jetzt denkt man sich, man ist ja Vater - zum zweiten bin ich mal wieder froh eine Tochter zu haben. Diese sind wohl doch ein wenig vernünftiger / feiger – und das ist gut so!

Am Abend eines jeden Tages kommt dann aber das absolute Highlight. Schwimmen im Meer. Hier merkt man, dass das Wasserratten-Gen doch in der Familie liegt. Schwimmen im Pool ist ja OK, aber das Meer ist schon ganz was anderes. Je höher die Wellen (wir sprechen hier doch Brechern bis zu 20 cm), desto besser. Mutig stürzt sie Anna in die Wellentäler und überfliegt die -kämme. Trotz des verbissenen, hochkonzentrierten Blickes merkt man, dass sie in ihrem Element ist. Danach werden die Wellen noch einmal abgesurft. Das Wasser spritzt ins Gesicht und sie lacht. Was gibt es Schöneres auf dieser Welt?

So merken Sonja und ich, dass eine andere Art urlaubzumachen doch auch Spaß machen kann. Relaxen, Nichts tun und Zeit mit der Kleinen – kann das Leben noch besser sein?

29. Jänner

Der letzte Urlaub der Karenz ist vorbei. Und schon allein, dass es mehr als einer war, spricht für sich! Ja, es war ein perfekter Abschluss. Gestern wurden dann das türkis-blaue Meer und die grasgrünen Berge von Mauritius mit einem strahlenden Schitag in Tirol eingetauscht. Herz was willst Du mehr?

Noch dazu erlebe ich die letzten Tage ein wenig intensiver. Zu schön ist es zu beobachten, wie sich unsere Kleine jeden Tag etwas weiterentwickelt, neue Dinge entdeckt und die Welt um sich herum erforscht. Schon im Urlaub hat es mich begeistert zu sehen, wie so manche Kleinigkeit neu hinzukommt. Bewusst versteckte Handys, die wohl aus einem leicht erklärbaren Grund, eine besondere Faszination auf Kleinkinder ausüben, werden wiedergefunden. Klar, als Erwachsener neigt man dazu alle 2 Minuten darauf zu starren – da muss dieses Ding schon etwas besonders sein.

Bis vor wenigen Tagen hat man die Dinger einfach unter einer Decke versteckt und frei nach dem Motto: Aus den Augen aus dem Sinn! Doch jetzt arbeitet das Kurzzeitgedächtnis, unsere Süße merkt sich die Position und fängt zum Graben und Suchen an. Wie Bruce Willis in Armageddon bohrt sie sich einen Weg durch alle Hindernisse, überquert Elternberge und findet das gesuchte Objekt – Indiana Jones wäre stolz.

Auch das Sitzen und Stehen hat sich massiv verbessert und geht jetzt ganz locker-flockig von der Hand. Man muss zwar eingestehen, ihr kleiner Cousin Lukas ist hier motorisch noch ein paar Schritte voraus – aber es ist ja kein Wettbewerb. Zudem ist es zu schön beiden, miteinander spielend, zu beobachten.

Heute stand dann auch die Taufe von Lukas auf dem Programm. Dank intensiver Spielrunde vorweg, wurde die gesamte Veranstaltung auch gleich komplett verschlafen. Wirklich schade, denn es war eine sehr schöne Feier. Dafür war klein Lukas voll dabei und man hatte den Eindruck, er suhlt sich regelrecht in diesem Happening. Es ist wohl immer schön, im Mittelpunkt zu stehen, und selbst das Waterboarding hat er gut weggesteckt. Gut, der Pfarrer war nett und hat mit den Wassermengen gespart – bei fast minus 10 Grad in der Kirche ein sinnvoller und nachvollziehbarer Schritt.

Die anschließende Familienfeier war ein schöner Ausklang. Anna hat hier sogar etwas bekommen: ihre allererste Puppe. Ein wirklich sehr nettes Geschenk von Lukas anderer Oma. Der schwere Fehler ist dann allerdings von meiner Mutter (also der einen Oma) ausgegangen. Annas neue Puppe wurde schnell und großzügig einem süßen, zweijährigen Mädchen zum Spielen angeboten. Sicherlich gutgemeint, aber die Reaktion war ganz klar:

Ist meine Puppe! Die geb ich nicht mehr her. Das Baby kann mit dem Schnuller spielen!

Gut, wie argumentiert man? Die Regeln von Besitzverhältnissen mit einer Zweijährigen zu diskutieren, ist nicht einfach. Vor allem verliert man hier in jedem Fall. Gegen „Meins" gibt es kein erfolgversprechendes Gegenargument. So heißt es abwarten, bis sie das Interesse verliert…

Überraschenderweise hat der Vater die Situation sehr souverän geklärt - insbesondere, nachdem die Mutter gescheitert ist. Der Aufforderung die Puppe zurückzugeben wurde ohne Umschweife Folge geleistet. Vielleicht gibt es zwischen Vätern und Töchtern doch eine spezielle Verbindung, die sogar die Anziehungskraft einer Puppe übersteigt,…

INFOBOX – ERFORSCHEN

Ich habe keine besondere Begabung, sondern bin nur leidenschaftlich neugierig.

Quelle: Albert Einstein

Die Fähigkeit zur Entdeckung der Welt und deren intensiven Erforschung tragen Kinder seit der Geburt mit sich. Kinder wollen lernen und Abenteuerlust, Forschergeist und Entdeckungsfreude sind die Triebfeder ihrer Entwicklung. Nach Erkenntnissen der Hirnforschung erfolgt die Bildung von Synapsen im Gehirn insbesondere, wenn Kleinkinder intensiv die Umwelt und sich selbst erfahren. Die Neugierde und der Entdeckungsdrang sind der Motor ihrer Entwicklung.[87]

Die aktive Erforschung startet insbesondere in der zweiten Hälfte des ersten Lebensjahrs. Kinder bewegen sich aktiv fort und erfahren die Welt um sie herum neu. Im zweiten Lebensjahr wird dann der tägliche Blick für Details geschult. Die Gehirnentwicklung schreitet mit der enormen Flut an aufgenommen Information voran. Das Fragealter, das manche Eltern fast in den Wahnsinn treibt, startet dann im dritten Lebensjahr und unterstützt das Verständnis bei allen Entdeckungsreisen.[88]

Die Erforschung und der Umgang mit Gegenständen folgt interessanterweise immer, bei allen Kleinkindern, den gleichen drei Entwicklungsschritten[89]:

1. Dinge ineinander schachteln: Objekte werden von einer Box, Schüssel oder Eimer in einen anderen umgelagert. Kleine Würfel werden in ei-

---

[87] Service National de la Jeunesse: Kinder entdecken die Welt, 2017

[88] Service National de la Jeunesse: Kinder entdecken die Welt, 2017

[89] Largo, R.: Babyjahre, 2010

nen großen Würfel gesteckt. Flüssigkeiten werden hin und her geleert, und hin und wieder ver-
schüttet.

2. Dinge vertikal stapeln: Würfel, Klötze oder
   Steine werden aufeinandergestapelt. Türme werden erbaut und noch schneller wieder zum Ein-
   sturz gebracht.

3. Dinge horizontal aneinanderreihen: Erst als drit-
   ter Entwicklungsschritt werden Gegenstände horizontal aneinandergereiht. So können dann
   auch Dominosteine sinnvoll eingesetzt werden.

Aber auch die Fähigkeit zum Staunen ist Kindern in die
Wiege gelegt. Überraschungen und unerwartetes Verhalten von Objekten löst ein verstärktes Interesse aus. So hat
man bei Versuchsanordnungen einen rollenden Ball einfach durch eine Wand hindurchgleiten, über ein schein-
bares Loch rollen oder bei einer Bewegung ein bestimm-
tes Geräusch erzeugen lassen und dann die Reaktion bei
11-Monate alten Kindern beobachtet. Als Ergebnis wurde
der Ball gleich intensiv auf Herz und Nieren geprüft, um
festzustellen, wie er physikalische Gesetze überwinden
konnte. Die Kinder prägten sich die Bewegungen besser
ein und anderes, neueres Spielzeug wurde links liegengelassen. Denn schon Kinder machen auf Basis ihres Wis
sens Vorhersagen über die Zukunft. Wenn diese nicht
wie erwartet eintreffen, ist dies eine besondere Motivation etwas Neues zu lernen. So können Überraschungen
ein besonderer Forschungs- und Lernanreiz sein.[90]

---

[90] Überraschung ist ein guter Lehrmeister, in Spektrum der Wissenschaft, 2016

30. Jänner

In den letzten Tagen meines Papabaticals blicke ich auf viel Schönes zurück. Allerdings sollte man die Schattenseiten nicht aussparen. Die Freude über ein Kind ist für viele Eltern etwas Unermessliches. Man ist voller Euphorie und könnte nicht glücklicher sein.

Doch auf der anderen Seite steht leider allzu oft die Entwicklung der Partnerschaft. Egal, ob man wie wir schon über 7 Jahre verheiratet ist oder noch in einer frischen Beziehung steckt, es kriselt! Für manche Freunde und Bekannte war vor dem Kind eine intensive Auseinandersetzung oder gar ein Streit vollkommen unbekannt. Doch heute fährt man sich regelmäßig an und der wütende Schrei im Haushalt kommt einen leider allzu oft über die Lippen.

Bei uns hat sich wohl die Streithäufigkeit verfünf- bis verzehnfacht. Oft sind es nur belanglose Kleinigkeiten, die einen aneinandergeraten lassen. Wütend fährt man den anderen an und ist leider dabei oft auch verletzend. Doch wie kann das sein? Man ist doch gerade in der glücklichsten Phase seines Lebens. Dennoch entwickeln sich Aggression und Wut gegenüber dem Menschen, dem man all sein Glück zu verdanken hat.

Ich habe im Vorfeld immer davon gelesen und gehört. Insbesondere das erste Kind stellt eine besondere Herausforderung dar, denn aus einer Partnerschaft wird eine Dreierbeziehung. Für mich war dies Theorie immer lachhaft – immerhin hatten wir ja schon zwei Katzen – somit sicher kein Problem, wenn einer mehr im Haushalt ist.

Doch heute ertappe ich mich dabei, wie ich den Menschen den ich über alles Liebe, ins Gesicht schreie. Zu wem bin ich da mutiert? Vielleicht ist es aber leider nur normal und einfach zu erklären. So ein kleiner Zwerg ist das Wundervollste, was es gibt, aber er kann einen auch zur Weißglut treiben. Ein stundenlanges Schreien oder Quengeln geht auf die Substanz. Dennoch würde man den aufgestauten Unmut nie bei den Kleinen rauslassen – aber irgendetwas muss man tun, bevor man explodiert.

Hinzu kommt, dass man trotz aller Vorbereitung oft einfach überfordert ist. Wie geht man am besten mit Situationen wie einer Krankheit um? Beide wollen wir nur das Beste für unsere Kleine, aber Lösungsansätze können differieren - und schon ist der nächste Streit vom Zaun gebrochen.

Auch fehlt einfach die Zeit für den anderen. Eine zärtliche Geste, die früher ganz selbstverständlich war, kommt heute einfach nicht mehr vor – vielleicht auch nur ganz unbewusst. Und so muss man höllisch aufpassen, sich nicht auseinanderzuleben. Tränen fließen nicht nur bei der Kleinen.

So versuchen wir mit den Konflikten zu leben. Sie zu vermeiden wäre wohl nur ein frommer und unrealistischer Wunsch. Doch egal was ist und wie weh es manchmal tut, bevor wir jeden Abend die Augen schließen, versuchen wir, uns wieder zusammen zu raufen. Denn wir sind uns bewusst: Wir sind eine Familie und müssen zusammenstehen. Zudem, spätestens wenn unsere Süße einmal in die Pubertät kommt, haben wir nur gemeinsam eventuell eine Chance.

30. Jänner

Zu Beginn waren sie das Angstobjekt schlechthin: unsere zwei Stubentiger. Kaum etwas fürchtet man als junge Eltern mehr als die Reaktion seiner zwei Lieblinge auf den neuen Mitbewohner. Immer wieder hört man über diese Horrorstories. Eine Katze attackiert und zerkratzt ein unschuldiges, kleines Baby. Oder schlimmer, eine Katze kuschelt sich zu einem Neugeborenen und erstickt es.

Gott sei Dank ist bisher nichts passiert. Der Einzige der immer wieder Wunden davontragen muss, bin ich. So hat unser lieber Kater Bilbo leider die Angewohnheit sich gerne an mich anzuschleichen. Bevorzugt beim Zähneputzen, springt er mir dann aus dem Stand auf den Rücken und krallt sich leidenschaftlich fest. Dass man seine Krallen ungedämpft durch das T-Shirt durchspürt, konnte ich ihm bisher noch nicht vermitteln.

Doch ansonsten sind bei den Erziehungsmaßnahmen viele Parallelen zwischen Kind und Katz festzustellen. Muster wiederholen sich. So kommunizieren wir mit unserer Tochter allzu oft wie mit unseren Katzen. Und auch die Reaktionen sind oft ähnlich. Ein lautes „Nein, aus!" wird von Stubentigern und unserer Süßen gleichermaßen ignoriert. Auch das Klopfen auf den Oberschenkel und ein „Komm her!" bleibt bei behaarten wie auch weniger behaarten Mitbewohnern meist ohne Reaktion.

Und langsam nähern kleiner Mensch und Tier sich an. Zu Beginn hat man sich noch gegenseitig bewusst ignoriert. Die Katzen waren für unsere Süße nicht interessant und andersrum wurde die neue Konkurrenz nicht einmal ignoriert. Heute versucht unsere Kleine, den Zweien schon manchmal nachzukommen und mit etwas Unterstützung lassen sie sich sogar zuweilen streicheln. So weit ist es mit dem Liebesentzug bei unseren Stubentigern schon gekommen…

Und so bin ich mir sicher, die Drei werden noch einmal richtig gute Freunde. Ein wenig Neid schwingt da auch mit. Selbst habe ich mein erstes Haustier erst mit über 30 bekommen!

ABBILDUNG: KINDER UND KATZEN KÖNNTEN SICH NICHT ÄHNLICHER SEIN

31. Jänner

So, jetzt ist es so weit. Der Moment, vor dem ich mich 5 Monate lang gefürchtet habe, ist da. Nun ja, das stimmt so nicht – es ist wie immer bei solchen, zeitlich begrenzten Abschnitten im Leben. Zuerst vergeht alles wie in Zeitlupe. Man denkt, man hat ewig Zeit und es fühlt sich auch so an. Alles ist neu und unbekannt. Dann beginnt die Zeit auf einmal zu rasen. Aus Stunden werden Tage, aus Tagen Wochen und aus Wochen Monate. Der erste Monat ist rum und man denkt, noch habe ich ja vier weitere vor mir. Doch schon ist der Zweite rum, dann der Dritte – Weihnachten, Neujahr – alles verfliegt. Doch die Momente bleiben und brennen sich für immer ein. Man ist einen Schritt weiter, auf einer Treppe ohne Anfang und Ende.

Und wenn ich jetzt in die Augen unserer Maus schaue, die mich über die Tischkante hinweg anlacht, weiß ich, dass es gut war. Nicht nur wahrscheinlich, sondern mit Sicherheit die beste Zeit meines Lebens.

Auch wenn ich mir alles in Zahlen in Erinnerung rufe: circa 750 gewechselte Windeln, etwa 600 Mal den Dampfsterilisator ein und ausgeräumt, ungefähr 4000 gelesene Buchseiten, davon 700 vorgelesene Seiten, mindestens. 300 Mal die gleichen Gutenachtlieder gehört, über 300 Seiten geschrieben, mehr als 500 Mal gemeinsam gesungen, weit über 100 Mal eng getanzt…

Aber viel wichtiger: Erlebt wie Anna das erste Mal gekrabbelt ist, das erstes Mal Mama gesagt hat, ihre erste feste Nahrung zu sich genommen hat, das erste Mal frei gesessen ist, das erste Mal Schnee gesehen hat, ihren 6-monatigen Geburtstag gefeiert hat, ihr erstes Weihnachtsfest erlebt hat, ihren Spielkameraden den

ersten, wenn auch wohl unbeabsichtigten, Kuss gegeben hat und
– gehört, wie das allererste Mal das Wort „*Papa*" ihre Lippen verlässt.

Das alles werde ich nie vergessen und ich bin dankbar für jede
Sekunde. So beschließe ich mein Papabatical, nehme meine
Kleine auf den Arm und trage sie ins Bett. Dort bekommt sie
noch eine Gutenachtgeschichte vorgelesen (sicher nicht die
letzte). Danach hört sie die bekannten Worte:

Danke mein Schatz für den wundervollen Tag!

Schlaf jetzt ein und mach Deine wunderschönen Äuglein zu!

Schlaf gut, träum was Schönes und greif nach den Sternen!

Lieb Dich! Gute Nacht!

April

Heute feiert unsere kleine Anna ihren ersten Geburtstag. Ich kann es kaum fassen. Ein Jahr ist vorbei und ich bin wieder seit über 2 Monaten aus der Karenz retour. Tja, und alles hat sich äußerst gut entwickelt.

Kurz nach meiner Rückkehr flatterte gleich ein Jobangebot für einen internen Wechsel herein – mein Traumjob! Mit Anfang des nächsten Monats starte ich im Social Banking Development. Eine spannendere und sinnvollere Aufgabe hätte ich mir nicht wünschen können. Die verlorengegangene Motivation ist wieder zurück und ich freue mich jeden Tag auf die neue Aufgabe: Armutsgefährdeten Personengruppen zu helfen und ihre finanzielle Problemsituation in den Griff zu bekommen ist wohl genau das, was ich immer schon machen wollte – nun habe ich endlich die Gelegenheit. Wird man mit einem Kind anfälliger für seine soziale Ader? Ich weiß es nicht, aber eine Arbeitskollegin, auch junge Mutter, wechselt mit Ende des Monats ebenfalls. Bei ihr geht es zu einer Umweltschutzorganisation. Vielleicht hat man unterbewusst den Wunsch ein wenig dazu beizutragen eine bessere Welt für seine Kleinen zu hinterlassen – vielleicht ist es aber einfach auch nur Zufall. Auf jeden Fall hätte ich meinen Traumjob ohne die Karenzzeit wohl nicht gefunden.

Auch mein Buchprojekt sieht einem Ende entgegen. Ich stecke im letzten Kapitel und es fehlen mir nur noch ca. 20 Seiten. Es wird wohl kein Bestseller. Vermutlich ist es sogar richtig schlecht. Aber es ist nun mal ein Punkt auf meiner Bucketlist und ich bin doch ein wenig stolz dieses Projekt vermutlich zu beenden. Nie hätte ich gedacht, dass einem Schreiben eine solche Freude bereiten kann.

Viel Wichtiger aber, unsere Süße entwickelt sich prächtig. Seit Anfang dieser Woche besucht sie auch den Betriebskindergarten. Somit dürfen wir jeden Morgen gemeinsam zur Arbeit fahren - noch in Begleitung von Mami für die ersten Tage. Aber wenn sie so weitermacht, ist dieser Personaltrainer wohl bald nicht mehr erforderlich. Ich könnte nicht stolzer sein. Nur für Sonja ist das Flüggewerden nicht immer so einfach. Und es geht ja auch alles verdammt schnell.

Um diese Zeit, vor genau einem Jahr, schallten noch Sonja's Schreie aus dem Kreißaal über die gesamte Entbindungsstation. Es war der Moment, in dem ich begriffen habe, warum Geburten für Frauen früher so bedrohlich waren wie Kriegszüge für Männer.

Heute müssen wir sagen, es hätte nicht besser ausgehen können. Ich habe mit Sicherheit die besten 12 Monate meines Lebens hinter mir. Und Sonja denkt wohl ebenso. Die Welt und auch die Prioritäten haben sich auf den Kopf gestellt. Wenn ich unsere Tochter auf dem Arm halte und sie voller Begeisterung und Inbrunst auf unsere alte Urlaubsfotocollage an der Wand zeigt, bleibt mein Herz immer wieder kurz stehen. Wie konnte ich ohne dieses Lächeln, Glucksen und ihre strahlenden Augen jemals leben?

Jeden Tag gibt es jetzt etwas Neues zu entdecken. Sitzend, stehend oder entlang handelnd wird die Welt erkundet. Nur das freie Gehen lässt noch auf sich warten - ebenso wie ihre Zähne. Aber gut Ding braucht Weile. Und uns bleiben noch weitere Dinge, auf die wir uns freuen dürfen. So passen wir unser Leben und unser Verhalten Schritt für Schritt gemeinsam an. Das Wort „Schhhh…ade" findet auf einmal inflationär Verwendung. Das Equipment wächst munter weiter und die ersten Babysachen werden wieder im Keller archiviert.

Auch blicke ich heute, an diesem stürmisch-sonnigen Apriltag, mit ein wenig Wehmut auf das letzte Jahr zurück. Kann dies überhaupt noch übertroffen werden? Aber ich bin dankbar. Dankbar für jeden Schritt und jede vermeintlich falsche Abzweigung, die ich in meinem Leben gewählt habe. Wir wären nicht da, wo wir heute sind und ich blicke positiv, wie nie auf die Jahre und Jahrzehnte die vor uns liegen. Trotz mancher Wunden, Verletzungen oder Schreikrämpfen, es gibt nichts Besseres, als eine Familie zu sein…

Bücher:

Enders, Giulia - Darm mit Charme: Alles über ein unterschätztes Organ; 2017; Ullstein Verlag

Goodman, Marc - Global Hack: Hacker, die Banken ausspähen. Cyber-Terroristen, die Atomkraftwerke kapern. Geheimdienste, die unsere Handys knacken; 2015; Carl Hanser Verlag

Harari, Yuval Noah - Eine kurze Geschichte der Menschheit; 2015; Pantheon Verlag

Harari, Yuval Noah - Homo Deus: Eine Geschichte von Morgen; 2018; Verlag C.H.Beck

Karmel, Annabel - Kochen für Babys und Kleinkinder: Über 200 gesunde, schnelle und einfache Rezepte; 2016; Goldmann Verlag

Largo, Remo H. - Babyjahre: Entwicklung und Erziehung in den ersten vier Jahren; 2017; Piper Verlag

Robinson, Tara Rodden - Genetik kompakt für Dummies; 2014; Wiley-VCH Verlage

Seeberg, Sophie - Die Schakkeline ist voll hochbegabt, ey: Aus dem Leben einer Familienpsychologin; 2013; Knaur TB Verlag

Wilcock; Fiona - Babynahrung selbst gemacht: Nur das Beste für mein Kind. Mehr als 200 Rezepte; 2015; Dorling Kindersley

Zeitschrift:

Spektrum der Wissenschaften - Spezial: Gehirn & Geist – Familie; 2017; Spektrum Verlag